부동산,
끝의 시작

부동산, 끝의 시작

• 대한민국 부동산의 종말 •

경국현 지음

좋은땅

프롤로그

봄날의 벚꽃처럼 당연했던 것이 있었다.

한국 사회에서 '집'은 단순한 건물이 아니었다. 그것은 꿈이었고, 계급이었으며, 생존을 보장하는 가장 강력한 방패였다.

사람들은 결혼보다, 출산보다, 심지어 일자리보다 먼저 "내 집 마련"을 이야기했다. 집값은 곧 신분이었고, 아파트 평수는 곧 삶의 크기였다. 반세기 동안 대한민국은 '부동산'이라는 신화를 믿고 달려왔다.

그러나 지금, 그 신화는 흔들리고 있다.

인구는 줄고, 도시는 텅 비며, 금리는 치솟고, 거래는 얼어붙었다. 집은 안전한 자산이 아니라 팔리지 않는 짐이 되었고, 아파트는 잠긴 계좌가 되었다. 지방은 이미 붕괴 중이고, 서울조차 예외가 아니다. 수십 년간 부동산과 함께 쓰이던 '안전'이란 단어가 흔들리기 시작했다.

나는 부동산 사업을 하고, 학교에서 부동산을 가르쳐 온 사람이다. 그러나 내 인생의 어느 순간, 죽음을 마주하며 '집'이라는 것이 과연 무엇인지 다시 묻게 되었다.

도시에서 살던 나에게 집은 자산이었고 계급이었지만, 동시에 텅 빈 껍데기일 수도 있었다. 그때의 질문이 이 책의 출발점이 되었다.

2017년, 나는 서울을 떠나 제주도에서 살았다. 그리고 2025년 지금은 천년의 도시 경주에 머물고 있다. 일과 소비에서 자유롭게 살고자 선택한 인생 후반전이다. 이 삶의 전환은 집을 바라보는 나의 시선 또한 근본적으로 바꾸어 놓았다.

신석기 시대 이후 처음 맞이하는 거대한 변화가 인류의 눈앞에 와 있다. 인간에게 각인된 고정된 관념에서 벗어나는 일은 하늘의 별을 따는 것처럼 어렵다.

사람들은 여전히 묻는다.
"지금이 바닥인가요?"
"이제 다시 오르지 않을까요?"

그러나 이 질문은 너무 좁다.
우리가 던져야 할 질문은 훨씬 크다.

"부동산은 여전히 인간 사회의 중심이어야 하는가?"

"이 시스템은 100세 시대, AI 사회에서도 유효한가?"

"도시와 소유, 공간과 지배의 논리는 앞으로도 그대로 작동하는가?"

2024년, 대한민국 총인구는 5,100만 명 아래로 내려앉았다. 출생아 수는 23만 명에 불과했고, 사망자는 35만 명을 넘어섰다.

'데드 크로스(Dead-Cross)'라 불리는 이 차가운 통계는 부동산의 운명이 과거와 같을 수 없음을 예고한다.

경제학 교과서의 단순한 명제, 수요가 줄면 가격은 하락한다. 우리는 이 당연한 진실을 오랫동안 외면해 왔다. 그러나 여기서 끝나지 않는다.

모두가 '붕괴'를 말할 때, 오히려 반대로 물어야 한다. "만약 가격이 다시 오를 수 있다면, 그 조건은 무엇인가?"

인플레이션, 공급 억제, 조세 정책, 기대 심리, 상속 구조, 1인 가구, 글로벌 자본, 자본주의의 균열, 가족 해체, 기본소득, AI 사회….

"이른바 가격을 지탱하는 구조는 아직 남아 있는가?"

이 책은 두 개의 시선으로 나뉜다.

첫째, 부동산이라는 신화가 왜 무너지고 있는가에 대한 냉정한 분석.

둘째, 그럼에도 불구하고 여전히 가격을 떠받칠 수 있는 조건에 대한 논리적 가설.

팩트는 하나지만, 그것을 바라보는 눈은 둘일 수 있다. 오래전 광고처럼 "겉은 노랗지만 속은 하얗다." 누군가는 노란 껍질을 보고, 다른 누군가는 흰 속살을 본다. 통계와 데이터도 마찬가지다. 같은 수치에서 어떤 이는 붕괴를 읽고, 어떤 이는 반등을 읽는다.

결국 무엇을 믿고, 어느 쪽을 선택할지는 독자의 몫이다. 그리고 마지막 장, 우리는 상상조차 꺼리던 미래로 향한다.

· 집은 남았지만, 사람이 사라진 사회
· 기억은 있는데, 공동체는 없는 대한민국

100년 후의 대한민국, 그 디스토피아적 풍경 속에서 우리는 다시 묻게 될 것이다.

"우리는 왜 부동산에 환장하고 살았는가?"

"부동산이 사라진 뒤, 무엇이 우리의 삶을 지탱할 것인가?"

이 책은 하나의 정답을 주지 않는다. 다만 책을 읽는 독자가 무엇을 볼 것인지, 거울을 내민다.

끝은 이미 시작되었다.
그리고 그 시작은, 지금 이 책을 펼친 당신으로부터 비롯될 것이다.

이 글은 천년의 도시 경주에서 마무리되었다.

목차

2부 부동산의 시작

3부 대한민국 붕괴

1부

부동산의 끝

1장

숫자의 환상: 시작되지 않은 약속들

대한민국 부동산 정책은 늘 숫자에서 시작된다. 수십만 호, 수백만 호, 거대한 숫자가 등장하면 사람들은 안심한다.

마치 내일이라도 그 집들이 눈앞에 나타날 것처럼 착각한다. 그러나 그 숫자는 실제 집이 아니라, 정치적 최면술에 불과하다.

우리가 믿었던 것은 집이 아니라 돈에 대한 환상이었다. 공급 확대의 약속은 돈을 벌 수 있다는 기회로 다가온다. 이것이 언제나 옳아보인다. 누구도 의심하지 않는다. 정부가 설계하고 시장이 팔아 치운 환상, 그 허상을 우리는 수십 년간 사들여 왔다.

그리고 이제 세상은 변해 가고 있다. 그 환상이 무너지고 있다.

숫자는 집을 대신하지 못한다. 숫자의 약속은 시작된 적이 없었고, 이제는 시작될 수도 없다.

숫자는 마치 튼튼한 기둥처럼 보이지만, 막상 기대 보면 공허한 기둥일 뿐이다. 공급은 해결책처럼 보이고, 숫자는 신뢰를 가장한 구조물로 작동한다. 그러나 그 구조물은 종종 아무것도 지탱하지 못한다.

공급이라는 말은, 때로는 수요의 실종을 가려 주는 장막에 불과하다.

현실은 숫자보다 훨씬 잔인하다. 인구는 줄고, 도시는 늙어 가며, 가구 수마저 꺾이기 시작했다.

그런데도 숫자는 계속 반복된다.

계획되지 않은 공급이 그럴듯한 언어로 포장되어 유통되고, 미래는 허상 위에 그려진 청사진처럼 번져 간다.

그 착시를 걷어 내야 한다. 믿어 왔던 상식이 어떻게 구조적 착오였는지, 반복된 정책이 어떻게 파괴의 문을 열었는지, 우리는 숫자 너머의 진실을 보아야 한다.

우리는 집을 산 것이 아니다. 시스템이 설계한 환상을 소비했을 뿐이다. 그리고 이제, 그 환상이 끝나고 있음을 마주해야 한다.

2장

인구절벽과
Dead-Cross

대한민국은 세계에서 가장 가파른 속도로 인구절벽을 향해 추락하고 있다. 이것은 "예측"이 아니라, 이미 진행 중인 구조적 붕괴의 현실이다.

지금까지 대한민국의 부동산 시장을 지탱하던 것은 단순했다.

· 도시로, 도시로, 도시로
· 서울로, 서울로, 서울로

끊임없이 늘어나는 수요였다. 그러나 이제 그 기반이 무너지고 있다. "사람은 줄고, 집만 남는다."

아직도 상당수 국민은 과거의 패턴, "집값은 오른다"[1]에 안주하고

---

1) 한국 사회에서 흔히 말하는 '부동산 불패 신화'란 부동산, 특히 아파트 가격은 장기적으로

있다.

통계청이 발표한 '2024년 인구 동향'은 그 현실을 적나라하게 드러낸다. 연간 출생아 수는 23만 명 수준으로 떨어졌고, 같은 해 사망자 수는 35만 명을 넘어섰다. 이른바 'Dead-Cross'―사망자가 출생자를 초과하는 현상―는 2020년 첫 발생 이후 매년 격차를 키우고 있다. 이는 단순한 숫자의 변화가 아니라, 인구 구조 전체의 전환점이다.

합계출산율은 0.72명으로, 세계 최저치다.

OECD 평균이 1.6명이라는 점을 비교하면, 절반에도 미치지 못한다. 출산율이 장기간 회복되지 않는 한, 생산가능인구는 빠르게 줄어들 수밖에 없다. 이는 곧 부동산 시장의 근간인 실수요의 급감으로 이어진다.

사람이 줄어드는데, 집값이 오를 수 있다는 믿음은 스스로 속이는 주문에 불과하다.

행정안전부 자료는 더 충격적이다. 2024년 현재 전국 228개 시군구 중 절반가량인 113곳이 '소멸위험지역'으로 분류된다.

지방 소도시와 농촌에서는 이미 유소년 인구가 10% 아래로 떨어졌고, 빈집 비율은 30%를 넘어섰다.

거래가 끊긴 마을, 방치된 주택, 사라지는 도시 기능, 그곳에서 부동산은 자산이 아니라, 짐이다.

반드시 오른다는 믿음을 뜻한다. 1970년대 이후 강남 개발과 고도성장기에 경험한 집값 폭등이 이 신념의 토대가 되었다. 일본에서도 '토지 불패 신화'가 있다. 섬나라 특성상, 땅값이 영원히 오른다고 믿었던 신념도 1990년대 버블 붕괴로 무너졌다.

수도권이라고 안전하지 않다. 서울의 인구는 이미 2020년 1,000만 명 아래로 내려왔고, 청년층은 지방을 떠나 수도권으로 몰려왔지만, 과도한 주거비는 결국 이들을 다시 내쫓고 있다.

서울 강북과 수도권 외곽에서는 매매가 대비 전세가율이 50% 이하로 떨어진 곳이 속출한다. 이는 단순한 가격 하락이 아니라, 매수 심리 자체가 냉각되었다는 신호다.

국가가 인구 감소기에 진입하면, 주택 수요는 양적으로 줄 뿐 아니라 질적으로도 변한다. 과거에는 결혼과 출산을 전제로 한 가족 단위 수요가 중심이었다. 하지만 이제는 단독·고령·무자녀 가구가 대세다.

그들이 원하는 집은 더 작고, 더 저렴하고, 더 복지적인 공간이다. 과거의 대형 아파트 신화는 새로운 수요 구조와 정면으로 충돌한다.

정부는 고령자 맞춤형 임대주택, 지방 소멸 대응 특별법 등으로 대응하고 있지만, 시장은 이미 반응을 멈췄다. 분양은 줄고, 착공은 늦어지고, 미분양은 쌓여 간다.

2024년 4월 기준 전국 미분양 주택은 7만 호를 넘어섰고, 이 중 70%가 지방에 몰려 있다. 이는 공급자 중심 사고가 만든 정책 실패의 증거다.

부동산 시장은 이제 양적 성장의 시대를 끝내고, 질적 축소의 시대에 들어섰다.

'모두를 위한 집'이 아니라, 소수만이 감당할 수 있는 자산이 되었고, 그 소수마저 점차 줄어들고 있다.

- 사람이 없으면 수요도 없다.
- 수요가 없으면 가격은 유지되지 않는다.

이 단순한 사실 앞에서, 대한민국의 부동산 신화는 속절없이 무너지고 있다.

붕괴의 출발점은 바로 수요의 절멸이다.

3장

고령화 사회의
주거 수축

누구를 위한 집인가?

이 질문은 고령화 사회의 현실을 마주할 때 가장 먼저 떠오른다. 대한민국은 빠른 속도로 늙어 가고 있다.

통계청 '장래인구추계'에 따르면, 2025년 3월에 전체 인구 중 65세 이상 비중이 20%를 넘기면서 본격적인 초고령사회로 진입하였다. 2023년 기준 65세 이상 인구는 약 950만 명, 전체의 18.4%였다.

세계에서 가장 빠른 고령화 속도다. 노인인구 증가는 복지의 문제가 아니라, 부동산 수요 구조 자체를 재편하는 결정적 변수다.

문제는 간단하다. 고령층의 주거 형태와 소비 성향은 30~50대와 근본적으로 다르다. 통계청 '고령자 통계'에 따르면, 2024년 기준 65세 이상 1인 가구 비율은 37.8%에 달하며 앞으로 계속 증가할 것이다.

이들은 대형 아파트나 교외 단독주택을 원하지 않는다. 작고, 관리가 쉽고, 의료·복지 접근성이 좋은 공간을 선호한다. 그러나 시장은 여전히 이들의 목소리를 무시한다.

2020년 이후 수도권에서 공급된 신규 아파트의 70% 이상은 전용 84㎡ 이상 대형 평형이다. 건설사들은 여전히 아파트를 "투자 상품"으로 포장해 공급한다.

하지만 고령층에게 대형 평형은 필요 없는 공간이자 관리의 부담일 뿐이다. 실수요자와 시장의 욕망이 정면으로 충돌하고 있다.

더 큰 문제는 자산의 구조다.

통계청 발표 자료에 따르면, 65세 이상 고령자의 자산 중 82.4%가 부동산이다. 기타 자산을 포함하면, 금융자산 비중은 15%조차 넘지 못한다.

은퇴 이후 소득이 끊기면 현금 흐름은 마비되고, 결국 집을 팔아야 생계를 유지해야 한다. 그러나 고령자가 가진 집은 수도권 외곽이나 지방 소도시에 몰려 있어 매각 자체가 어렵다. 급매로 내놓아도 거래가 성사되지 않는다.

고령자는 장부상 자산가이지만, 현실에서는 가난한 노인이 된다.

이렇게 자리매김한 부동산 자산은 상속 시장에서도 폭탄이 된다. 일본이 먼저 겪었다. 도쿄 외곽에선 노인이 사망하면 상속인들이 집을 포기하고, 빈집은 늘어나면서 마을이 무너졌다.

한국도 이미 비슷한 징조가 나타난다. 지방 도시에서는 상속 매물이 소화되지 못해 방치되고, 빈집이 늘어나며 지역 공동체가 사라져

가고 있다.

정부 대응은 한발 늦다. '행복주택'[2], '고령자 복지주택'[3] 같은 제도가 있지만, 물량은 턱없이 부족하고 입지도 좋지 않다.

지역 병원, 약국, 복지센터와 연계된 생활거점형 주거 모델은 계획 단계에서 멈춰 있다. 결국 고령자 다수는 과거에 사둔 집—크고 낡고 불편한 집—에 갇힌 채 노후를 버티는 상황에 놓인다.

고령화는 단순히 인구 구조의 문제가 아니다. 이는 곧 부동산 시장의 유동성 위기이자 구조적 비효율성의 신호탄이다.

· 소득 없는 고령자
· 매각되지 않는 주택
· 활용되지 않는 자산

이 세 가지가 맞물리면서 시장의 활력은 꺼지고, 거래는 줄고, 가격은 눌리고, 지역별 자산 격차는 더 벌어진다.

통계청 자료를 보면, 2035년에 한국의 고령 인구는 1,500만 명을 훌쩍 넘어설 것이다. 75세 이상 초고령층 비율은 폭발적으로 증가한다.

---

2) 국토교통부가 대학생, 사회초년생, 신혼부부 등을 위해 소규모 주택을 지어서 공급하는 사업이다. 신도시나 보금자리주택같이 기존 대형 택지개발과 달리 역세권이나 유휴시설 등 소규모 부지를 이용해서 임대주택을 건설하여 서민들한테 보급하는 사업이다.
3) 국토교통부가 도입한 고령자 맞춤형 공공임대주택으로, 만 65세 이상 저소득 노인을 대상으로 공급되며, 주거공간과 함께 돌봄·의료·복지서비스가 연계 제공된다.

· 그들은 소비하지 않는다.

· 그들은 이사하지 않는다.

· 그들은 부동산이 필요하지 않다.

그 순간, 부동산은 시장이 아니라 정체된 자산 덩어리로 전락한다.

고령화 사회의 주거 수축은 선택이 아니라, 불가역적 현실이다. 그리고 그것은 이미 시작되었다.

4장

1인 가구,
무자녀 사회

대한민국은 '가족 단위'로 살아가는 사회가 아니다.

"부부와 자녀"라는 전통적 가구 구성은 이제 다수의 표준이 아니다. 이 변화는 단순한 문화 현상이 아니라, 주택 수요 구조 자체를 뒤흔드는 지각 변동이다.

통계청 '가계동향조사'와 '장래가구추계'에 따르면, 2024년 기준 1인 가구는 전체의 36%로 가장 높은 비중을 차지했다. 2인 가구(28%)와 3인 가구(18%)를 훌쩍 넘어섰으며, 2035년에는 40%에 근접할 것으로 전망된다.

이미 서울, 부산, 대전, 광주 등 주요 도시의 여러 동에서는 1인 가구가 전체의 절반을 넘어섰다.

대한민국 사회의 기본 단위는 가족이 아니라, 개인이다.

이 변화는 단순히 1인 가구의 증가라는 표면적 현상에 그치지 않는다. 결혼 자체가 사라지고, 출산은 포기된 선택지가 되어 가고 있다.

1994년 약 39만 건이던 혼인 건수는 2024년 22만 건 수준으로 추락했다. 한 세대가 바뀌는 동안 결혼은 절반 가까이 줄었고, 합계출산율은 0.75명으로 세계 최하위다.

사회가 재생산되지 않는 구조 속에서, '결혼'은 부동산 수요를 떠받치는 기초 단위가 아니라 붕괴의 전조가 되고 있다.

더군다나 무자녀 부부는 이제 소수가 아니라, 젊은 세대의 보편적 선택이 되었다. 미래의 주택 수요, 즉 '가족을 전제로 한 수요' 자체가 서서히 증발하고 사라져 버리는 것이다.

이 구조적 변화는 주택 시장에서 즉각적이고 결정적인 반응을 이끌었다. 서울의 임대차 시장에서 전세 중심의 거래는 빠르게 축소되고 있다.

전세 비중은 2020년 61.6%에서 2023년 47.6%로 하락했고, 2024년 1분기에는 46.9%에 그쳤다. 반면, 2025년 1분기 월세 비중은 64.6%에 이르렀다.

특히 소형 주택 시장에서는 이 현상이 더욱 날카롭다. 2011년 소형(60㎡ 이하) 아파트의 월세 비중은 25.4%에 불과했지만, 2022년에는 약 48.3%로 급등했다. 이는 단순한 선호의 변화가 아니라, '가족 기반 수요의 와해'가 만든 필연적이고 구조적인 변화다.

이제 소형 주택은 새로운 수요의 중심이 되었지만, 이는 가족을 전제로 한 수요가 붕괴한 자리를 대체한 결과일 뿐이다.

그러나 공급은 이를 따라가지 못한다.

건설사들은 여전히 84㎡ 이상 대형 평형, '투자 상품'으로서의 아파트에 집착한다. 수요와 공급은 엇갈리고, 시장은 왜곡되어 나타난다.

정책은 현실과 더 괴리되어 있다.

정부는 여전히 '신혼부부 특별공급', '다자녀 특별공급' 같은 제도를 유지한다. 그러나 실제 수요자는 결혼하지 않은 청년, 이혼한 중장년, 고령의 독거노인이다.

존재하지 않는 전통적 가족을 전제로 한 정책이, 실제 시장에서 가장 많은 수요자를 배제하고 있는 아이러니가 나타나고 있다.

1인 가구는 단순히 작은 집을 원하는 것이 아니다. 더 유동적이고, 더 실용적이고, 더 저렴한 집을 찾는다.

하지만 한국의 주택 시스템은 여전히 정주와 축적[4], 소유와 승계를 전제로 한다. 가족 단위라는 허상 위의 설계도가 지금도 그대로 작동하는 것이다.

이 모순은 시장의 이중 왜곡을 낳고 있다.

소형 주택 수요는 폭발하지만, 공급은 제한적이다. 대형 평형은 매수자가 줄며 유동성 위기에 빠진다.

수도권 외곽의 대단지 아파트는 이미 고령화와 출산 기피로 학교가 통폐합되고[5], 버스 노선이 줄고, 상권이 사라지는 생활 인프라의

---

4) 필자는 주택을 통해 부를 쌓고, 세대 간에 이전하면서 계급과 지위를 고착화하는 구조를 축적이란 단어로 정의하였다.

5) 서울에서도 학령인구 감소로 초등학교 폐교가 진행되고 있다. 홍일초(2015), 염강초

공동화를 겪고 있다. 그 결과 자산 가치는 더 빠르게 추락한다.

게다가 1인 가구는 '내 집 마련'보다 '살 수 있는 집'을 선호한다. 즉, 부동산은 소유가 아니라 서비스로 재해석되고 있다.

그러나 한국의 임대시장은 여전히 전세 중심이지만, 전세보증금 반환 리스크와 보증사기 사건으로 신뢰를 잃었다. 살고 싶어도 믿을 수 없는 시장, 이중의 절망이 덮치고 있다.

결국 지금 한국의 부동산 시장은 '존재하지 않는 4인 가족'을 위한 과거형 시스템 위에 서 있다. 그리고 그 시스템은 현재 사회의 다수, 즉 1인 생존자들을 철저히 외면하고 있다.

우리는 다시 묻는다.

누구를 위한 부동산 시장인가?

사라진 전통적 가족을 위한 것인가, 아니면 지금 대한민국을 살아가는 수많은 1인 가구를 위한 것인가?

(2020), 화양초(2023)가 대표적 사례이며, 서울교육청은 매년 약 500학급이 사라질 수 있다고 전망한다. 2024년 기준으로는 전교생 240명 이하의 소규모 초등학교가 전체의 약 11%를 차지하고 있어, 저출산이 도시 기반을 직접적으로 흔들고 있음을 보여 준다.

5장

공간의 해체,
상업지의 종말

2020년 이후 팬데믹은 단순한 보건 위기가 아니었다. 그것은 공간의 개념 자체를 무너뜨린 역사적 전환점이었다.

"일하러 나가고, 소비하러 모이던 공간"은 하루아침에 정지했고, 사람들은 각자의 방 안으로 흩어졌다. 재택근무, 온라인 회의, 배달 중심의 소비는 처음에는 임시방편이었다.

그러나 위기는 곧 습관이 되었고, 습관은 일상으로 굳어졌다. 도시는 다시 예전으로 돌아가지 않았다.

재택근무와 유연근무는 팬데믹 이후 일시적 현상을 넘어 하나의 근무 방식으로 정착했다. 특히 대기업 중심으로 활용 비중이 크게 늘었고, 전체 임금근로자 중에서도 상당수가 정기적으로 재택·원격근무를 경험하고 있다. 이는 곧, 과거 강남·종로·여의도 중심업무지구(CBD)를 가득 메우던 화이트칼라 인력들이 줄어들고 있음을 보여 준다.

사람이 떠난 도심은 사회의 '중심'이 아니다.

결과는 통계로도 드러난다.

오피스 시장의 변화는 수치로도 드러난다. 서울 A급 오피스 공실률은 겉으로 보면 2~4% 수준에 불과해 낮아 보일 수 있다. 그러나 팬데믹 이전과 비교하면 분명히 늘어난 것이며, 안정적이라 믿어왔던 A급 오피스의 '제로 공실 신화'가 무너지고 있음을 보여 준다.

공실률이 조금만 올라가도 자산 가치와 임대수익에 큰 타격을 주는 오피스 시장 특성상, 이 변화는 결코 가볍게 볼 수 없다.

상업공간의 붕괴는 직접적이다.

한국부동산원 통계에 따르면 2023년 전국 중대형 상가 공실률은 약 13~14% 수준이었고, 서울 주요 상권 역시 두 자릿수 공실률을 기록했다. 특히 명동과 홍대 입구 같은 핵심 상업지조차 빈 점포가 줄지 않아, 한때 세계 관광객과 젊음의 상징이던 거리가 지금은 불 꺼진 매장으로 가득 차 있는 모습이다.

이는 팬데믹이 단순한 일시적 충격이 아니라, 소비 패턴과 유통 구조를 근본적으로 바꿔 버린 사건이었음을 보여 주고 있다.

그리고 팬데믹이 끝난 지금도 상업지의 상처는 아물지 않았다. 명동은 외국인 관광객 회복에 힘입어 2025년 4분기 공실률이 4.4%로 낮아졌지만, 서울 6대 주요 상권 평균 공실률은 2024년 2분기 기준 여전히 18.3%에 달한다.

특히 가로수길은 공실률이 39%대로, 팬데믹 이전보다 오히려 더 심각한 상황이다.

불 꺼진 상권은 단지 과거의 그림자가 아니라, 현재 진행형의 현실이다. 소비자는 매장을 떠나 온라인으로 이주했고, 기업은 오피스를 필요로 하지 않는다. 도심의 기능은 점차 해체되고 있다.

과거 '강남대로변 건물', '여의도 A급 오피스'는 대표적인 안전자산이었다. 그러나 지금은 고정비 부담이 큰 비효율 자산으로 전락했다. 투자 대비 수익률은 떨어지고, 공실 리스크는 커지며, 매각조차 쉽지 않은 애물단지가 되어 가고 있다.

아직도 대부분 투자자는 "강남 가격은 절대로 안 떨어진다"는 신화를 붙잡고 있다. 그러나 신화는 이미 깨진 유리 조각이 되어 있다.

이 공백을 메우려는 시도도 있었다. 공유 오피스, 위워크(WeWork) 같은 유연한 공간, 카페·편의점·소형 오피스를 결합한 생활형 복합 공간이 등장했다. 이들은 스타트업과 프리랜서를 흡수하며 잠시 활력을 불어넣었다. 그러나 이 모델은 어디까지나 임시방편일 뿐, 과거 대형 상업자산의 수익성과 안정성을 대체하지는 못한다.

더 큰 문제는 지방이다.

과거 '시청 앞 사거리', '구도심 중심 상권'은 이미 불 꺼진 상점가로 변했고, 택시 기사들조차 "그쪽은 밤이면 유령도 없다"고 말한다.

상업시설은 문을 닫았고, 오피스는 임차인을 찾지 못한 채 방치되어 있다. 도시는 점점 텅 비어 가며, 남은 건물들은 껍데기만 남은 채, 무가치한 시멘트 더미로 변해 간다. 그 공간에는 미래도, 수요도 존재하지 않는다.

공간의 붕괴는 단순히 풍경의 변화가 아니다. 그것은 그 공간을 지탱하던 부동산 자산 가치가 무너지고, 담보로 얽힌 금융 시스템마저 흔들리고 있음을 알리는 전조다.

'공간 해체'는 도시의 몰락이자, 한국 부동산 신화가 붕괴하는 또 다른 이름이다.

6장

소득 없는
자산가

대한민국 부동산 시장의 보이지 않는 지뢰는 노년층의 '부동산 편중 자산 구조'다.

고령 인구는 많은 집을 보유하고 있다. 그러나 그 집은 팔 수도, 쓸 수도, 나눌 수도 없는 자산이다. 거대한 벽처럼 붙잡고 살아가지만, 그 벽은 현금 흐름을 만들어 주지 못한다. 소비를 지탱하지 못하고, 결국 노후 파산의 원인이 된다.

돌덩이 같은 집을 끌어안고 굶주리는 현실, 이것이 한국의 노년이 처한 오늘이다.

1. 숫자로 보는 고령 자산 구조

가계금융복지조사에 따르면, 전체 가구 자산의 대부분은 여전히 실물자산, 특히 부동산이 차지했다.

60세 이상 고령가구의 경우 자산 중 부동산 비중이 약 81.2%에 달하는 것으로 나타났다. 금융자산과 기타 자산이 차지하는 비중은 상대적으로 매우 낮은 편이다.

이는 은퇴 세대의 자산 구조가 부동산 중심으로 치우쳐 있음을 보여 주며, 부동산 시장의 변동성에 취약한 구조일 수 있음을 시사한다.

즉, 노인은 집은 있지만, 쓸 돈이 없다.

집은 보유하지만, 지갑은 텅 비어 있다.

더구나 이 부동산은 현금이 흐르지 않는 '자가주택'이 대부분이다. 서울·수도권 핵심지 아파트라면 그나마 시장성이 있지만, 현실은 다르다. 지방, 외곽, 중소도시에 자리한 노후 주택이 대다수다.

고령층 1인 가구의 월평균 소득은 117만 원에 불과하다. 그중 절반 이상이 국민연금이나 기초연금 같은 공적 이전소득이다. 생활비로 최소 200만 원 정도가 필요하다는 현실을 보면, 부족분은 항상 빚처럼 따라다닌다.

집은 있지만, 생활은 무너진다.

2. 매각도, 담보도 안 되는 '사각의 자산'

"그럼 집을 팔면 되지 않나?"라는 질문은 너무 순진하다.

문제는, 그 집이 팔리지 않는다는 데 있다. 팔았다 해도 그 돈을 들고 어디로 가서 살 것인가 하는 문제가 남는다.

고령자가 가진 집은 대부분 낡았다. 위치는 구도심의 변두리, 인구가 빠져나가는 지역이다. 매수자는 없다. 가격을 낮춰도 거래가 성사되지 않는다. 시장은 냉정하다.

임대 전환을 시도해도 마찬가지다. 고령자가 스스로 임대 관리 능력을 갖추기 어렵다. 결국 집은 살아 있는 주택이 아니라, 잠긴 금고처럼 닫힌 채 썩어 가는 자산으로 남는다.

정부가 내놓은 주택연금(역모기지론)은 겉으론 고령층의 해법처럼 포장되었지만, 실효성은 거의 없다. 실제 결과를 보면, 60세 이상 자가주택 보유 가구 중 주택연금 가입률은 1.5%에 불과했다.

심지어 향후 가입 의사가 있다고 답한 응답자는 전체의 13.5%에 불과하다.

복잡한 자격 요건, 실제 수령액이 기대에 못 미치는 점, 그리고 '집을 빼앗길 수도 있다'는 막연한 두려움이 가입 문턱을 높이고 있다.

고령자는 팔지도 못하고, 빌리지도 못하고, 쓰지도 못하는 집을 엉덩이에 깔고 산다.

또한 그 집은 인생 후반전을 살아가는 그들에게 짐이 되고, 동시에 시장의 유동성을 막는 병목으로 작동한다.

3. 대물림, 착각이다

많은 노년층은 여전히 "내가 죽고 나서, 집은 자식에게 물려주어야
한다"는 신념을 갖고 있다.

그러나 이는 고령화 사회에서 유효하지 않은 관념이다. 자식 또한
이미 중장년층이거나 노인으로 진입한 경우가 많기 때문이다. 부모
사망 이후 상속된 자산은 소비나 삶의 질 향상에 기여하기보다 단순
한 자산 이전에 그친다.

재산을 조기 증여하면 늙어서 무시당하거나 경제적 어려움을 겪
는다는 사례가 방송 연속극과 온라인에서 자주 언급된다. 그러나 이
는 주로 저소득층이나 자산이 충분치 않은 가계에 극히 일부에 해당
하는 문제다.

일정 수준 이상의 자산을 보유한 경우라면, 오히려 자녀가 경제적
활동 능력을 유지하는 시점에 이전하는 편이 합리적이다. 늦은 시기
의 상속은 소비와 효용을 창출하지 못하고, 사회적으로도 자원의 비
효율적 배분으로 이어진다. 따라서 '죽은 뒤 물려주면 된다'는 사고
방식은 현실적 타당성을 상실한 것이다.

일부 보고에 따르면 상속 후 1년 내 매각 비율이 약 60%에 이르며,

대부분 감정가 이하 혹은 시세보다 낮은 가격에 팔리기도 했다는 분석이 있다. 다만 공식 통계는 아직 확인되지 않았다.

즉, 부모가 생애를 걸고 지켜 온 집은 자녀에게 자산이 아니라 짐으로 돌아올 수도 있는 것이다.

상속은 축복이 아니라 투매의 시작이 된다.

일본은 이미 이를 경험했다. 도쿄 외곽의 마을들은 노인 사망 이후 상속된 주택이 줄줄이 방치되며 빈집의 숲으로 변했다. 집은 삶의 공간이 아니라, 사후에도 팔리지 않는 유령 자산이 된 것이다. 한국의 지방 소멸 지역에서도 같은 그림자가 드리우고 있다.

4. 부동산은 자산인가, 사회적 부담인가?

집은 한때 가장 안전한 자산으로 불렸다. 은행은 담보로 잡았고, 보험사는 연금을 설계했다. 그러나 그 믿음은 점점 흔들린다.

집값이 내려앉으면 담보가치는 줄어든다. 대출은 회수 압박으로 돌아오고, 금융권 전체의 불안정성이 커진다. 노인의 집 한 채가 무너질 때, 금융 시스템 전체가 흔들릴 수 있는 시대에 우리는 서 있다.

부동산은 이제 단순한 개인의 재산이 아니다.

· 팔리지 않는 집

- 빌릴 사람 없는 집
- 상속인마저 버리고 가는 집

이 모든 집들이 모여 한국 경제의 뇌관이 된다.

5. 해법 없는 구조, 정체되는 시장

다운사이징, 실버타운 전환, 매각 후 임대, 어느 것도 쉽지 않다.

팔려야 이사할 수 있고, 수요자가 있어야 임대도 가능하다. 그러나 노인은 팔고 싶고, 젊은 세대는 사고 싶지 않다. 이 단순한 불일치가 시장을 멈추게 한다.

- 집은 있지만, 거래는 없다.
- 자산은 있지만, 현금은 없다.
- 상속은 있지만, 수요는 없다.

이 불일치가 한국 부동산 시장의 정체와 붕괴를 동시에 예고하는 신호다.

6. 시한폭탄의 카운트다운

2025년, 한국은 초고령사회에 진입하였다. 그러나 정책도, 시장도, 사회 인식도 여전히 "집은 안전하다"라는 주문을 반복한다.

현실은 다르다.

소득 없는 자산가가 집을 끌어안은 채 버티는 사회가 대한민국이다. 그들의 집은 부의 저장소가 아니다.

정체된 시장의 무덤이자, 금융 시스템을 위협하는 시한폭탄이다. 그리고 그 카운트다운은 대한민국에서 이미 시작되었다.

7장

금융 노예의
시대

한국의 부동산 시장은 실질적으로 빚 위에 세워진 허상이다.

집값은 실수요가 만든 것이 아니다. 금융 레버리지와 대출 시스템이 만들어 낸 허구의 수요였다.

이것은 단순한 경제 현상이 아니다.

한 사회가 빚을 '자산화'한 결과이며, 그 빚을 개인이 '내 집 마련'이라는 달콤한 꿈이라는 이름으로 떠안게 된 구조다.

그리고 이제 그 구조는 금이 가고 있다.

1. 가계부채 2천조 시대, 집 한 채에 인생이 묶이다

2025년 2분기 기준, 한국의 포괄적 가계부채(가계신용)는 약 1,952.8

조 원에 달했으며, 이 중 가계대출만 따지면 약 1,832.6조 원, 주택담
보대출은 약 1,148.2조 원이었다. 가구당 평균 부채는 약 9,128만 원
수준이며, 이 중 금융부채가 6,637만 원, 임대보증금이 2,491만 원이
었다.

그러나 이 평균은 현실을 가리지 못한다.

20~40대 '영끌 세대'의 부채는 개인 순자산의 4배 이상에 달한다.
대부분이 갭 투자에 올인했다.

"집을 샀다"는 말은 곧 "금융기관의 채무자가 되었다"는 뜻이다.

집은 자산이 아니라, 인생 전체를 담보로 잡힌 채무의 이름표가 되
었다.

2. 영끌과 패닉바잉[6], 구조적으로 유도된 착시

많은 사람이 2020~2021년을 '부동산 광기의 시대'라 부른다.

그러나 그 광기는 개인의 탐욕에서 출발한 것이 아니다. 정치가들
이 정책과 금융 시스템을 도구 삼아 의도적으로 조작한 착시였다.

---

6) 'Panic Buying(공황 구매)'은 부동산 가격의 상승 가능성이 제기될 때, 시장 참여자들이
주변의 매수 행태를 모방하며 군중심리에 따라 매입에 가담하는 비합리적 시장 반응을
지칭한다. 이 과정에서 수요는 실수요와 무관하게 단기적으로 과도하게 팽창하며, 가격
은 내재가치와 괴리된 수준으로 급등하게 된다. 그 결과, 시장은 정상적 가격 발견 기능
을 상실하고 투기적 자본이 주도하는 불안정 국면으로 이행한다. 이는 장기적으로 거래
위축, 가격 급락, 금융 리스크 확대 등 구조적 불안정을 심화시키는 요인으로 작용한다.

- 초저금리, 완화된 대출 규제
- "내 집 없으면 끝장난다"는 공포 조장
- 은행의 주택담보대출 승인 남발

이 모든 것들이 맞물려 자기 자본 없이 빚으로 집을 사는 사회적 현상을 만들어 냈다.

집값은 대출로 올랐고, 대출은 다시 집값을 올렸다. 거품은 거품을 낳았다.

그때 사람들은 이렇게 믿었다.

"지금 못 사면 영원히 못 산다."

그리고 그 믿음이 바로 금융이 설계한 집단적 최면이었다.

3. 금리 인상과 DSR: 현실이 무너지는 순간

그러나 금융은 언제나 되돌아온다. 2022년 이후 미국발 금리 인상은 한국 금융시장에도 직격탄이 되었다. 한국은행 기준금리는 2020년 0.5%까지 낮아졌으나, 2021년 8월부터 가파르게 오르기 시작해 2023년 1월에는 3.50%에 도달했다.

불과 2년여 만에 기준금리가 7배 가까이 급등한 것이다.

주택담보대출 금리 역시 크게 뛰었다. 은행권 평균은 시기와 상품에 따라 차이가 있지만, 주요 시중은행의 변동형 금리는 2%대 초반에서 출발해 2023년 이후 4~5%대에 형성되었다.

이는 과거 저금리 시절과 비교하면 두 배 이상 높아진 수준이다.

동시에 총부채원리금상환비율(DSR) 규제가 강화되면서 차주의 상환 능력은 빠르게 제한되었다. 예를 들어 연 소득 5천만 원인 가구가 감당할 수 있는 대출 규모는 과거보다 크게 줄어들었고, 월 상환 부담은 소득 대비 과도하게 높아졌다. 금리 상승과 제도적 제약이 겹치면서, 가계의 금융 취약성이 본격적으로 드러난 것이다.

이 숫자는 단순한 계산이 아니다.

수많은 영끌 세대에게는 생활 파탄의 경계선을 의미한다.

2024년 기준, 주택담보대출 연체율은 소폭 상승했다. 더 심각한 것은 원리금을 갚기 위해 생활비를 줄이고, 카드론·사채로 연명하는 가구가 늘고 있다는 점이다.

금리는 이제 단순한 숫자가 아니라, 생존의 벽이다.

4. 빚이 만든 집, 팔 수 없는 자산으로 변하다

문제는 이 모든 빚이 기대고 있던 전제 "집값은 오른다"가 무너지고 있다는 사실이다.

한국부동산원에 따르면, 2023년 하반기 이후 수도권 외곽과 지방 주요 도시 아파트 가격은 전년 대비 최대 14% 하락했다.

그 결과, LTV 초과 상태가 발생했다. 담보가치보다 대출이 더 많은 집, 팔아도 손실이고, 버텨도 고통이다.

DSR 규제로 대환대출조차 막혀 있다.

집은 자산이 아니라, 팔 수도, 유지할 수도 없는 족쇄로 변해 간다.

한때 꿈이었던 내 집은 이제 철창 없는 감옥이다.

5. 금융기관도 위험하다: 시스템 리스크의 확산

개인만 힘든 게 아니다. 이 빚들은 금융기관의 '자산'으로 잡혀 있다. 그러나 부채가 부실화되면, 그것은 곧 은행의 부실이 된다.

· 대출 자산 부실화 → BIS 비율[7] 악화 → 유동성 축소

· 신용 경색이 은행·2금융권으로 확산

· PF 대출 막힘 → 건설사 자금 경색 → 분양 시장 붕괴

---

7) BIS 비율(Bank for International Settlements Ratio): 국제결제은행이 제시한 은행 건전성 지표로, [자기 자본 ÷ 위험가중자산 × 100]으로 계산된다. 위험가중자산은 대출 등 자산의 부실 위험을 반영해 가중치를 부여한 총액을 의미한다. BIS는 최소 8% 이상을 권고하며, 한국 금융당국은 일반적으로 10~12% 이상을 안전 수준으로 관리한다. 2025년 기준 국내 주요 시중은행의 BIS 비율은 평균 약 15% 수준이다. 하지만 한국 시중은행의 BIS 비율은 국제 기준보다 높아 안정적으로 보이지만, 이는 부동산 담보에 의존한 착시일 뿐이며, 담보가치 하락 시 급격히 악화될 수 있다.

개인의 빚은 금융 시스템 전체의 도화선이다.

이미 2023년 말, 대형 저축은행과 제2금융권에서는 부동산 연계 대출 일부가 기한이익상실 상태에 들어갔다.

정부는 유예와 보증 확대책으로 땜질했지만, 그것은 폭탄의 시한을 미룬 것일 뿐이다.

6. 우리는 모두 금융 노예가 되었다

대한민국의 부동산 시장이 이제는 자산 시장이 아니다. 그것은 채무 유지 시스템이다.

부동산은 자산이 아니라, 빚을 정당화하는 수단이 되었고, 개인은 자산가가 아니라, 금융의 담보물이 되었다.

집값은 수요와 공급이 아니라, 금리·규제·유동성·정책 의지에 따라 움직이는 인공적 허상이다.

그리고 그 허상은 지금, 무너지고 있다.

집은 빚이 되었고, 빚은 삶이 되었다.

그 순간, 우리는 모두 금융 노예가 되었다.

8장

죽은 상권,
죽은 도시

2025년 현재, 대한민국의 많은 도시가 조용히, 그러나 확실하게 무너지고 있다.

도심은 사람들이 모여드는 활력의 중심이 아니다. 한때 불이 꺼질 줄 몰랐던 상권은 이제 어둠 속에 방치되었고, 점포는 닫혔으며, 사람은 사라졌다.

"텅 빈 도시"라는 말은 과장이 아니다.

그것은 통계와 풍경이 함께 증명하는 현실이다.

1. 전국을 덮친 '공실률 팬데믹'

한국부동산원이 발표한 2024년 4분기 자료에 따르면, 전국 평균 오피스 공실률은 8.9%, 서울은 5.6%였으나, 충청북도(27.7%), 강원도(26.0%), 경상북도(23.0%), 전라남도(20.9%) 등 지방에서는 두 집단 이상이 공실률 20%대를 기록했다.

이 수치는 단순한 일시적 현상이 아니라 전국적인 구조적 위기의 표식이다. 이는 전례 없는 수치이며, 문제는 회복 기미조차 보이지 않는다는 데 있다.

공실률은 단순히 사무실 한두 곳의 빈자리를 뜻하지 않는다. 그것은 도시의 세수를 줄이고, 지방자치단체의 재정을 압박하며, 고용을 무너뜨린다.

결국 공실률은 도시 경제의 체온계이며, 이는 단순한 공간의 공허함을 넘어, 연쇄 위기를 암시한다. 지금의 공실률은 열이 아니라, 저체온증의 신호다.

2. 바뀐 소비 패턴, 회복되지 않는 상권

코로나19 팬데믹은 단지 위기가 아니었다.

그 시기에 급속히 확대된 비대면 소비, 온라인 쇼핑, 배달경제, 홈카페·홈쿡 문화는 위기 대응이 아니라, 생활양식으로 정착했다.

통계청에 따르면, 2024년 온라인 소비 비중은 전체 소비의 39.7%에 달했다. 외식업 종사자 수는 팬데믹 이전 대비 11% 감소했고, 소매점 신규 창업 건수는 10년 만에 최저치를 기록했다.

즉, 소비의 중심은 '거리'에서 '모바일'로 이동했다.

거리는 사람을 모으지 못하고, 도심 상권은 현재의 흐름에 맞지 않는 낡은 그릇으로 전락했다.

불이 켜져야 할 곳은 스마트폰 화면이지, 상점의 네온사인이 아니다.

3. 도심 오피스의 이탈, 상권 공동화 가속

재택근무와 유연근무제가 제도화되면서, 대기업조차 오피스 축소와 이전을 단행하고 있다.

서울 을지로·종로·구로디지털단지, 수도권의 분당·판교 대형 오피스 공실이 늘어나고, 그 결과 점심 장사·카페·편의점·미용실·병원 같은 생활 업종이 줄줄이 무너진다.

산업연구원(2024)에 따르면, 대도시 도심 소규모 상점 매출은 2019년 대비 35% 이상 감소했다. 가장 큰 타격을 입은 업종은 도시형 음식점, 커피 전문점, 개인형 병원이었다.

사람이 떠나면 기업도 떠나고, 기업이 떠나면 상권도 죽는다. 이 간단한 인과가 지금 눈앞에서 전개되고 있다.

4. 지방 소멸과 상업 부동산의 파국

지방은 더 비극적이다.

2024년 기준 대한민국 228개 기초지자체 중 121곳이 인구소멸 위험지역으로 분류되었다. 주거용뿐 아니라 상업용 부동산마저 붕괴 상태다.

상가 공실률은 전국 평균 13.4%, 소규모 상가는 7.5%, 집합 상가는 10.5% 수준에 이르며, 지방은 이보다 훨씬 심각한 상황에 직면해 있다.

예컨대 경북 26.5%, 전남 24.0%, 울산 20.7% 등 지방의 공실률은 전국 평균의 거의 두 배에 달한다.

더 나아가, 일부 상권에서는 상가 10개 중 4개가 비어 있는 현실이다. 이러한 수치는 단순한 공급 과잉을 넘어, 새로운 임차인 확보가 사실상 불가능한 임계점에 도달했음을 보여 준다.

이 같은 상가 공실은 필연적으로 상가 가격 하락으로 이어지고, 그 충격은 상가 투자자들에게 직격탄이 된다. 특히 은퇴자들에게 상가는 더 이상 노후의 방패가 아니라, 재무적 불안정을 심화시키는 위험 자산으로 변해가고 있다.

5. 자영업 몰락, 퇴로 없는 은퇴자

한국은 OECD 평균 대비 자영업 비율이 높다. 특히 은퇴자들이 퇴직금과 전 재산을 상가투자, 음식점·카페 창업으로 노후를 준비해왔다.

그러나 현실은 무너졌다.

2025년 자영업 폐업률은 창업률 대비 79.4%로, 20년 만에 가장 높은 수준을 기록했다. 창업 후 3년 내 폐업 비율도 72.4%에 달했고, 전체 자영업자의 63%가 50대 이상으로 나타났다.

이는 곧 도심과 지역 상권의 붕괴가 단순한 상업적 위기를 넘어, 은퇴 세대의 노후 파산으로 직결될 수 있음을 보여 준다.

수익을 만들지 못하는 상가는 자산이 아니다. 그것은 매달 돈만 잡아먹는 고정비용의 괴물이다.

6. 상가 매물 홍수, 그러나 아무도 사지 않는다

국토교통부 실거래가 공개시스템에 따르면, 2024년 상반기 상가 매물은 전년 대비 43% 늘었지만, 거래량은 14% 감소했다.

중개사무소들은 입을 모아 말한다.

"상가는 팔고 싶은 사람만 많고, 사려는 사람은 없다."

이것은 상가가 투자대상이 아니라, 버려지는 존재가 되었다는 신호다. 더 심각한 것은, 그 상가 대부분이 금융권 담보로 잡혀 있다는 점이다.

상가 가격의 하락은 은행과 제2금융권의 대출 부실로 직결되고, 금융 시스템 전체를 위협한다. 죽은 상권이 죽은 도시로, 죽은 도시는 금융 위기로 이어지는 도미노다.

7. 도시 재생, 실패한 희망

정부는 도시재생사업, 청년 상권 유치, 공공임대 상가 같은 대책을 내놓았다. 그러나 결과는 미미하다.

상권은 건물 외벽을 새로 칠한다고 살아나는 것이 아니다. 상권은 유동 인구와 경제력이 흐를 때만 살아 움직이는 유기체다.[8] 사람이 오지 않으면, 아무리 리모델링을 해도 상권은 시체다.

---

8) 필자는 강의에서 상권을 '살아 움직이는 유기체'에 비유한다. 아메바처럼 정형화되지 않고 끊임없이 변하는 성질을 지니며, 어제와 오늘이 다르고 내일이 다르다. 길 하나의 개통, 앵커 테넌트 입점, 기반시설 변화만으로도 유동 인구의 동선은 즉시 달라진다. 따라서 상권분석의 본질적 목적은 단순히 지역의 환경을 설명하는 것이 아니라, 변화하는 상권 속에서 특정 점포의 미래 매출을 추정·계산하는 데 있다. 그러나 실제로는 이 과제가 어렵기 때문에, 많은 상권분석이 환경분석 수준에 머무르는 것이 현실이다. 필자는 이러한 관행을 비판하며, 진정한 상권분석은 점포 사업자가 직면할 매출액의 변화를 예측하고, 이를 토대로 사업성(Business Model)을 검토하는 과정임을 강조한다. 그럼에도 불구하고 현재 창업자들을 대상으로 하는 상권분석 강의는 이러한 한계를 극복하지 못한 채, 단순 교육으로 수익을 창출하는 데 머물고 있어 안타까울 뿐이다.

플랫폼 사회, 온라인 소비, 이동 없는 생활권 속에서 과거의 상권 회복은 재현되지 않는다.

8. 도시는 매력 있는 자산이 아니다

도시 속의 상가는 한때 투자대상 상품으로서 수익형 부동산[9]의 정점이었다.

부동산 투자에서 가장 확실한 수익원이었고, 연금보다 안정적인 노후 수단이었다.

그러나 이제 현실은 정반대다.

· 사람은 떠났고
· 소비는 사라졌으며
· 가격은 무너졌고
· 재생은 실패했다.

도시는 매력 있는 투자 자산이 아니다.

---

9) 부동산 투자의 관점에서, 주거용 부동산인 아파트는 자본이득(Capital Gain), 수익형 부동산인 상가는 운영수익(Income Gain)으로 투자하는 상품이다.

도시는 껍데기만 남은 껍질, 기능을 잃은 골조, 경제적 가치를 상실한 콘크리트 덩어리로 변해 가고 있다. 한때 축적과 욕망의 총합이었던 도시는 이제 버려진 기억의 저장소일 뿐이다.

9. 도시가 무너지는 사회, 자산이 붕괴되는 구조

대한민국의 도시들은 지금 상승이 아니라, 수축과 해체의 방향으로 움직이고 있다.

이는 단순한 부동산 가격의 변동이 아니다. 사회 구조 자체의 재편이며, 과거의 투자 공식이 이제는 작동하지 않는 시대의 도래다.

· 상가는 월세를 내지 않는다.
· 도시의 가치는 돈을 잃었다.

그리고 그 결과, 한국인의 자산은 천천히, 그러나 확실히 무너져 가고 있다.

9장

무소유의 시대:
MZ의 선택

과거 대한민국 사회에서 '내 집 마련'은 삶의 궁극적 목표였다.

그러나 2020년대를 지나며, 젊은 세대는 그것을 꿈꾸지 않는다.

그들은 "집을 사지 않는다"가 아니라 "집을 사지 못한다"고 말한다.

더 나아가, "이제는 사고 싶지도 않다"고 선언한다.

이것은 단순한 일시적 현상이 아니다.

수요 기반이 붕괴한 시장, 즉 '누가 사 줄 것인가'가 사라진 시장의

시작이다.

1. 포기한 세대: 내 집 마련은커녕 월세도 벅차다

국토연구원 「주거실태조사」에 따르면, 우리나라 전체 자가 보유율

은 60.7%에 머물고 있으며 청년층의 주거 자립은 특히 더 취약하다.

20~30대는 대부분 전·월세 등 임차 형태로 거주하고 있으며, 주거비 부담이 소득 대비 과도하다는 지적이 많다. 실제로 청년 가구의 임차 비중은 80%를 웃돌고, 내 집 마련 의향 역시 낮은 수준에 머물고 있다.

이는 단순한 주거 문제를 넘어, 미래 세대가 주택을 자산으로 축적할 가능성이 갈수록 줄어들고 있음을 보여 준다.

그 이유는 명확하다.

· 높은 집값
· 불안정한 고용
· 대출 부담
· 불확실한 미래

서울의 평균 아파트 매매가는 2024년 기준 약 11억 원, 연봉 4천만원 직장인이 모든 소득을 저축해도 27.5년이 걸린다.

즉, 내 집 마련은 실현 가능한 꿈이 아니라, 수학적으로 불가능한 계산이 되어 버렸다.

2. 고용은 불안정, 소득은 정체, 희망은 없다

2024년 청년실업률은 7%대이지만, 체감실업률은 23%에 달한다.

정규직이 아닌 계약직·플랫폼 노동 비중이 늘고, 이들은 주담대 자격조차 갖추기 어렵다. 설령 취업해도 초임은 주거비를 감당하기에 턱없이 부족하다.

서울 원룸의 월세 부담은 청년층에게 사실상 생존의 문제다. 자료에 따르면, 보증금 1,000만 원 기준으로 평균 월세는 75만 원에 이른다.

통계청에 따르면 2024년 기준 19~34세 청년의 평균 연 소득은 2,625만 원, 월 소득으로 환산하면 약 219만 원 수준이다. 이 가운데 월세가 차지하는 비중은 무려 34% 이상이다.

소득의 3분의 1을 집세로 내야 하는 구조 속에서, 청년층의 저축 여력은 거의 사라지고 주거 불안은 일상이 된다.

청년에게 월세는 생활이 아니라 투쟁이다.

"집을 구입한다"는 말은 다른 나라의 이야기에 불과하다.

3. 전세 시스템의 붕괴, 선택지가 사라진다

전세는 한때 집을 사기 전까지의 건너기 위한 '짧은 다리'였다. 그러나 지금은 다리가 무너졌다.

- 2024년 전세금 미반환 사고: 1만 1천 건
- 피해 금액: 약 2조 1천억 원

이 수치는 단순한 사고가 아니라, 제도 자체의 붕괴를 보여 준다.
젊은 세대는 전세를 피한다. 월 임대료는 비싸고, 매매는 불가능하다. 결국 그들에게 남은 것은 "선택지가 없는 주거"다.

4. 탈서울, 탈소유, 탈결혼: 구조적 수요 붕괴

MZ세대는 말한다.

"서울을 떠나야 산다."
"소유보다 공유다."
"결혼은 사치다."

이 세 가지 흐름은 문화가 아니라 구조다.

- 결혼 감소 → 신혼 수요 축소

· 출산 감소 → 주거 확장 수요 감소

· 지방 이탈 → 수도권 외곽 공실 증가

· 주택 보유 희망 감소 → 거래 축소

즉, 젊은 세대의 선택은 시장 전체를 무너뜨리는 탈주거화[10]로 이어진다.

5. 정부 정책에 대한 불신, 냉소, 피로감

청년들은 알고 있다.

수많은 공급 약속, 세금 감면, 대출 완화가 있었지만, 그 혜택은 늘 자력으로 집을 살 수 없는 대다수 청년이 아니라, 현금을 보유한 부모 세대와 그들의 자녀에게 돌아갔다.

결국 정책은 청년을 위한 것이 아니라, '부모 찬스'를 쓸 수 있는 소수만의 리그에 불과했다.

· 청년 전세자금 대출: 까다로운 소득 요건

---

10) 필자는 '탈주거화'란, 단순히 1인 가구 증가나 주거 형태의 변화가 아니라, 주거 자체가 삶의 핵심 동기와 가치에서 이탈하는 구조적 현상을 정의하는 말로 사용하였다. 즉, 결혼·출산·자산 축적과 연결되던 '집'의 필요성이 근본적으로 사라지는 과정을 지칭한다.

- 생애 최초 대출: 자산 기준 제한
- 신혼부부 특별공급: 결혼 조건 충족 어려움
- 청약 제도: 당첨 확률 1% 이하

결국 청년 세대의 마음속에는 한 가지 감정만 남았다.

냉소와 피로감이다.

그들은 정책을 믿지 않고, 시장을 믿지 않는다.

6. 실거주는커녕 투자도 거부하는 세대

한때 '부동산 투자'는 전 국민이 환장하는 스포츠였다.

그러나 지금 청년 세대는 말한다.

"투자보다 인생이 먼저다."

"이 가격에 투자? 망하라고?"

"집을 살 생각 자체가 없다."

"나한테는 상관없는 이야기다."

청년의 외면은 단순한 개인 선택에서 나온 것이 아니라, 그것은 자산 가격의 불균형이 만들어 낸 불가피한 귀결이다.

7. 시장이 가장 두려워해야 할 것: '수요의 종말'

부동산 시장에서 가격 하락보다 무서운 것은 수요가 사라지는 것이다.

· 고령화 → 기존 자산 매물 증가
· 젊은 층 → 매수 포기
· 거래 실종 → 가격 지지선 붕괴
· 금융 노출 → 자산 가치 하락, 금융권 부실 확산

이 순환은 단순한 경기 침체가 아니다.
그것은 시장의 해체 과정이다.

8. 결론: 집은 '사는 것'이 아니라 '지나간 환상'

2025년 대한민국에서, 집은 청년의 목표가 아니다.

· 그것은 부모 세대의 기득권
· 청년 세대의 실패 경험
· 그리고 포기의 상징이다.

집을 사지 않는 세대는 단순히 시장의 외곽에 머무는 것이 아니다. 그들은 시장 자체를 붕괴시키는 중심축이다.

이제 우리는 묻는다.

"이 집들은, 누가 살 것인가?"

그 질문에 답이 없는 한, 대한민국 부동산 시장은 서서히, 그러나 확실하게 '끝'을 향해 나아갈 것이다.

10장

빈집의
시대

2025년 대한민국.

한때는 집 한 채가 인생을 바꾸던 시절이 있었다. 집은 단순한 거주 공간이 아니라, 사회적 신분의 티켓이자, 미래를 담보하는 보증수표였다.

도시의 불빛은 기회의 빛이었고, 아파트 단지는 부의 사다리였다.

그러나 이제는 상황이 정반대다.

집을 찾는 사람보다, 비어 있는 집이 더 많은 시대가 오고 있다.

'빈집의 시대'는 먼 미래의 경고가 아니라, 이미 우리 눈앞에서 시작된 오늘의 현실이다.

1. 통계로 확인되는 도시의 붕괴

국토교통부와 통계청에 따르면, 2024년 말 기준 전국 빈집 수는 159만 가구, 전체 주택의 8%에 해당한다. 특히, 농촌·인구감소지역에서는 빈집 비율이 40%를 훌쩍 넘어 42.7%에 달하는 곳도 있다. 이는 단순한 주택 공실이 아니라, 지역 공동체가 사라지는 속도가 주택보다 빨라지고 있음을 의미한다.

더 충격적인 것은 그 연쇄 반응이다.

인구가 빠져나가자 집은 비었고, 빈집이 늘어나자 기반시설이 붕괴하고, 그로 인해 다시 사람이 떠난다.

사람이 없으니 집이 비고, 집이 비니 더 사람이 떠나는 악순환이 곳곳에서 반복되고 있다. 빈집 증가는 인구 유출을 가속화하고, 인구 감소는 다시 빈집을 늘리는 구조적 고리를 만든다.

이 악순환은 단순한 주거 문제가 아니라, 지역 공동체 자체를 붕괴시키는 근본적 원인으로 작동하고 있다.

2. 지방의 현실: 마을 전체가 폐허가 되다

전북 고창, 강원 태백, 경북 의성, 전남 고흥 등등, 지도 위에 이름은 남아 있지만, 현실의 거리는 점점 색을 잃어 간다.

문 닫힌 슈퍼, 주인 없는 집, 버려진 건물, 무너진 담벼락에 뒤덮인 담쟁이덩굴, 한때 '살아 있던 마을'은 이제 '죽은 건축물의 공동묘지'로 변해 간다.

빈집과 관련된 위험은 이미 충격적인 수준으로 드러나고 있다.

2022년 598건이던 빈집 관련 민원 건수는 2024년에 989건으로 뛰어올라 불과 2년 만에 1.7배나 증가했다. 연평균 증가율만 해도 29%에 달한다.

이 수치는 빈집이 단순한 공실을 넘어, 화재와 범죄, 그리고 사회적 고립까지 불러오는 실질적 위협임을 보여 준다. 특히 고령화가 빠른 지역에서는 빈집 확산과 함께 고독사 위험이 겹쳐, 지역 공동체의 붕괴로 이어질 수 있다는 점에서 충격적이다.

빈집은 단순한 건물이 아니다. 사람의 부재를 기록하는 검은 기념비다.

3. 수도권도 예외가 아니다

많은 이들이 여전히 이렇게 말한다.

"지방은 몰라도, 서울은 안전하다."

"빈집은 지방만의 문제"라는 말은 이제 허상에 불과하다.

서울과 수도권조차 균열이 생기고 있다.

서울시 자료에 따르면, 강북구만 해도 최근 집계에서 수백 건의 빈집이 확인되었고, 인근 자치구 역시 비슷한 흐름을 보인다. 빈집 문제는 더 이상 특정 지역의 예외가 아니라, 도심 속 일상 풍경이 되고 있다.

한편 강남·여의도 같은 핵심 업무지구조차 오피스 공실률이 상승하며, '안전자산'으로 불리던 상업용 부동산의 지위가 흔들리고 있다.

수도권 외곽의 일부 도시들 또한 주거지 공실이 늘어나는 경향을 보이고 있지만, 구체적인 수치는 지역별 편차가 크다. 중요한 것은 공실 증가라는 흐름 자체가 멈추지 않는 방향으로 굳어지고 있다는 점이다.

수치는 정직하다.

도시의 중심마저 무너진다면, 어디가 안전지대라 할 수 있겠는가? 이는 인기 지역과 비인기 지역의 단순한 차이가 아니라, 도시 전체가 서서히 꺼져 가는 징후다.

서울이 흔들린다면, 대한민국의 부동산 전체가 흔들린다.

4. 빈집은 왜 무서운가: 존재 자체가 부채다

집은 원래 두 가지 가치를 가졌다.

- 사는 곳으로서의 사용 가치
- 팔 수 있는 교환 가치

그러나 사람이 살지 않는 빈집은 두 가지를 모두 잃는다. 빈집은 시간이 갈수록 무너진다. 벽은 갈라지고, 지붕은 새며, 주변 환경은 황폐해진다.

남는 것은 관리비 부담, 범죄 위험, 화재와 붕괴의 공포뿐이다.

- 거래되지 않는 집 → 유동성 상실
- 주기적으로 발생하는 관리비 → 비용의 저주
- 방치로 인한 사고 → 사회 전체로 전가되는 위험

결국 빈집은 존재 그 자체가 부채가 된 자산이다. 살아 있는 집이 아니라, 사회 전체를 위협하는 폐허의 씨앗이다.

5. 정부의 빈집 대책: 통계는 있지만 해법은 없다

정부는 2020년대 초반부터 빈집 실태조사, 등록제, 철거·리모델링 보조사업을 시행해 왔다. 그러나 실제 정비된 빈집 비율은 전체의 2% 수준에 불과하다.

그 이유는 뻔하다.

- 소유자 불명, 연락 두절
- 철거 후 활용 계획 없음
- 복잡한 부지 소유권 분쟁
- 지방재정의 한계

행정에 기록되는 숫자는 도시의 죽음을 되돌릴 힘이 없다. 도시는 그렇게 천천히, 그러나 확실히 사라지고 있다.

6. 다주택자의 퇴로, 빈집의 무덤

한때 5, 10채씩 집을 보유한 다주택자는 부러움의 대상이었다. 그러나 집값이 꺾이고 임차 수요가 증발하자, 그 집들은 뽐낼 수 있는 자산이 아니다.

수도권 외곽의 빌라, 지방의 신도시 아파트는 팔리지 않는다. 관리비와 대출이자를 감당하지 못한 다주택자의 집은 결국 빈집의 무덤으로 변한다.

이것은 개인의 실패가 아니다. 시장 자체가 무너지고 있다는 구조적 파산의 신호다.

7. 빈집 공화국의 자화상

대한민국은 이제 '집이 부족한 나라'가 아니라 '사람이 부족한 나라'다. 그리고 그 부재는 물리적 공간의 파괴로 드러난다.

· 인구는 줄어들고
· 고령자는 증가하며
· 출산은 끊기고
· 1인 가구는 늘어나고
· 지방은 텅 비어 간다.

집은 남아돌지만, 그 집에 들어갈 사람이 없다.

주택 수와 가구 수를 비교하면, 통계는 우리에게 두 개의 상반된 얼굴을 내민다.

통계청의 조사에 따르면 2024년 기준 총주택 수는 약 1,987만 호, 전체 가구 수는 약 2,300만 가구로 여전히 집보다 사람이 더 많다. 하지만 국토교통부가 발표하는 주택보급률은 이미 100%를 넘어섰다. 이는 집이 남는다고 판단하게 한다.

이 모순은 단순한 숫자의 오류가 아니다. '일반가구'라는 통계상의 정의, 그리고 실제 거주 불가능한 주택을 포함하는 방식에서 비롯된다.

즉, 현장에서는 비어 있는 집이 늘어나는 것과 동시에, 정작 필요한 사람들에게는 집이 돌아가지 않는 기형적 구조가 드러나는 것이다.

결국 '주택이 남아 돈다'는 수치와 '집이 부족하다'는 현실은 동시에 존재한다. 이 역설이야말로 대한민국 부동산이 끝으로 향하고 있음을 가장 극명하게 보여 주는 증거다.

이는 결국 빈집의 구조적 확장을 의미한다.

앞으로의 주택 시장은 '자산 가치'보다 '유지 비용'이 더 두려운 시대가 될 가능성이 크다. 이미 주택보급률은 100%를 넘어섰고, 인구 감소와 가구 수 축소가 가속화되면서 집은 희소 자산이 아니다.

남아도는 주택은 관리비·보수비·세금이라는 부담으로 돌아오고, 결국 '유지 비용의 공포'가 새로운 시대의 핵심 리스크로 자리 잡게 된다.

빈집은 단지 주거의 문제를 넘어, 국가의 미래를 비우는 일종의 장례식장이 되고 있다.

8. 결론: 집이 아니라, 도시가 사라지는 중이다

빈집 문제는 단순한 '남는 집'의 문제가 아니다. 그것은 도시의 기능과 의미가 사라지는 과정을 보여 준다.

사람이 떠난 공간, 소비가 사라진 거리, 임차인을 찾지 못해 닫힌

문들, 그 위에 남는 것은 가치 없는 건물의 잔해와 사람이 사라진 땅의 고요한 침묵이다.

우리가 붙잡고 있던 집은 더는 자산이 아니다.

죽어 가는 도시에 묻힌 무덤의 비석일 뿐이다.

11장

팔리지 않는 집,
끝나 버린 자산

2025년 대한민국 부동산 시장은 더 이상 "가격"의 문제가 아니다. 거래되지 않는 자산, 즉 유동성을 상실한 주택이 시장의 본질을 무너뜨리고 있다.

값의 등락보다 더 무서운 건 '거래의 부재'다. 자산은 누군가 사 줄 때만 자산이고, 거래가 끊기면 그 순간부터는 숫자에 불과하다.

1. 거래량이 '0'에 가까워지고 있다

국토교통부 실거래가 공개시스템에 따르면, 2024년 10월 전국 아파트 매매 거래량은 56,579건으로 전월보다 소폭 증가했지만, 수도권은 오히려 3.2% 감소했다. 반대로 비수도권은 24.1% 늘어났으나 이는 국지적 요인에 따른 일시적 반등에 불과하다.

중요한 것은 한국 부동산 시장의 핵심축인 수도권에서 거래가 서서히 마비되고 있다는 사실이다.

부동산 시장의 역사에서 가격은 갑자기 폭락하지 않는다. 언제나 먼저 거래가 끊기고, 그 정체가 길어질수록 가격의 하락 압력이 누적된다.

실제로 1997년 외환위기 당시에도, 수도권 아파트 거래량은 위기 직전 몇 달 동안 급격히 줄어든 뒤 대규모 가격 폭락으로 이어졌다. 2008년 글로벌 금융 위기 때 역시 거래가 마르면서 매수·매도 간 괴리가 극단적으로 확대되었고, 그 뒤 집값은 가파르게 하락했다.

지금 수도권에서 나타나는 거래량 감소는 단순한 일시적 현상이 아니다. 거래 절벽은 가격 폭락의 예고편이며, 이는 곧 한국 부동산 신화의 붕괴가 시작되고 있음을 알리는 경고음이다.

과거 일본의 부동산 붕괴 이후에도 "가격보다 거래가 먼저 사라졌다"는 분석이 제기되었다. 이는 시장이 가격을 통해 반응하기보다 거래라는 실질적 기능 자체가 정지되는 임계점이 존재함을 시사한다.

지금 한국은 같은 길을 걷고 있다.

2. 이제는 '값'이 문제가 아니다. '팔 수 있느냐'가 문제다

사람들은 흔히 "부동산 가격이 내려갔다"고 말한다. 하지만 틀렸다. 가격이 아니라 "살 사람이 없다"고 말을 해야 한다. 시세보다 20~30% 낮춰도 매수자가 나타나지 않는 매물이 전국에 널려 있다.

가격 하락은 정책이나 금리로 조정할 수 있다. 그러나 사람의 부재는 누구도 통제할 수 없다.

이것이 바로 팔리지 않는 집의 공포다.

집이 자산에서 짐으로 바뀌는 순간, 모든 논리는 무력화된다.

3. 왜 팔리지 않는가: 구조적 이유

· 인구 감소 - 2024년 대한민국 총인구는 5,062만 명, 출생아 22
만 명, 사망자 34만 명으로, 자연 감소가 지속되고 있다. 매년 중
소도시 하나가 사라지는 수준이다.
· 1인 가구 증가 - 1인 가구는 전체 가구의 36%에 달한다. 이들은
소형 주택을 선호하며, 대형 아파트 수요는 급감한다.
· 자금 경색 - 한국은행 기준금리는 3.5%, 주택담보대출 평균 금
리는 5.4%를 상회한다. 대출은 막히고, 이자는 감당 불가능하다.
· 정책 신뢰 붕괴 - 청약, 특별공급, LTV 완화 등이 반복되었지만
실질 효과는 미미하다는 불신이 퍼져 있다.

인구, 가구, 금융, 정책.

이 네 축이 무너질 때, 부동산 시장은 스스로 회복할 힘을 잃는다.

4. 거래 실종이 자산 가치를 무너뜨린다

주택은 원래 '유동성 낮은 자산'이다. 그러나 거래가 완전히 정지하면 가치 산정조차 불가능하다.

- 팔리지 않음 → 실거래 없음
- 실거래 없음 → 시세 없음
- 시세 없음 → 담보가치 없음
- 담보가치 없음 → 대출 불가
- 대출 불가 → 자산 가치 '제로' 판정

가격이 내려가는 것이 아니라, 가격 자체가 사라지는 것이다.

5. 금융권의 불안: 유동성 위기

은행·저축은행·보험사 등 금융권 대출의 70% 이상은 부동산 담보다. 그런데 이 담보가 거래되지 않는 순간, 금융 시스템 전체가 혼들린다.

　· 거래 소멸 → 회수 불가능한 자산 → 부실 채권 전환 → PF 부실
→ 건설사 파산 → 채권시장 위축 → 연쇄 금융 위기

　이미 일부 지방은행은 부동산 담보대출을 중단하거나, 기존 대출
을 조기 회수하고 있다.
　금융은 부동산 위기를 증폭시키는 가속페달이 될 수 있다.

6. 투자자가 빠져나간 시장

　한때 시장을 지탱한 건 개인 투자자와 갭투자자였다. 그러나 임대
수익률은 1%대에 머물고, 보유세는 증가, 임차 수요는 감소했다.
　2024년 기준 서울 20평대 아파트 월세 수익률은 평균 1.2%로 이자
비용에도 못 미친다.
　투자자는 떠나고, 실수요자는 이미 포기했다.
　남은 건 '버티는 다주택자'와 '거래 없는 매물'뿐이다. 투자가 빠진
시장은 시장이라 부를 수도 없다.

7. 지방 주택의 현실: 평생 안 팔릴지도 모른다

공시가격 1억 원 미만의 지방 농촌이나 소도시 외곽 주택은 실질적인 매수 수요가 거의 끊긴 것으로 보인다.

필자가 현장에서 체감하는 바로는, 일부 매물은 2~3년 넘게 문의조차 없었다. 이는 시장이 단순한 가격 조정을 넘어 기능적 마비 상태에 들어섰음을 의미한다.

수천만 원을 깎아도 반응 없다.

"돈을 줘도 가져갈 사람이 없다"는 말이 현실이 되었다.

이는 단순한 침체가 아니라, 자산이 자산이기를 멈춘 상태다.

8. 미래의 부동산: 회수 가능성이 기준이 된다

과거에는 "얼마나 오를까"를 고민했다면, 앞으로는 "이걸 나중에 팔 수 있을까?"가 기준이 된다.

- 유동성 중심
- 회수 가능성 중심
- 거주 목적 중심
- 임대 불가능 자산의 가치 폭락

'팔리지 않는 집'은 미래 사회에서 가장 위험한 자산이 될 수 있다. AI가 일자리를 대체하고, 기본소득이 도입되는 사회, 뿐만 아니라 늙어도 죽지 않는 사회에서 "집"의 의미는 지금과 전혀 다르게 재편될 것이라고 본다.

자산 가치의 축적이 아니라, 유지비와 관리 부담이 중심이 되는 주택 시대가 도래할 가능성이 있기 때문이다.

9. 결론: 종이 위의 숫자는 끝났다

부동산 가격은 숫자다. 그러나 그 숫자는 누군가 사 줄 때만 의미가 있다.

이제 그 숫자는

· 대출도 불가
· 세입자도 없음
· 거래도 없음
· 아무도 믿지 않음

부동산은

· 누군가에겐 평생의 꿈이었고

· 누군가에겐 투자의 전부였고

· 누군가에겐 마지막 희망이었다.

그러나 지금은

· 종이 위의 숫자에 불과한

· 끝나 버린 자산이 되고 있다.

이것이 '팔리지 않는 집'의 시대다. 집은 더 이상 안전자산이 아니라, '유동성 없는 종말의 자산'이다.

12장

모래 위의 금융,
하우스 푸어

대한민국의 부동산 신화는 오랫동안 '내 집 마련'이라는 하나의 꿈 위에 세워져 있었다.

부동산은 단순한 건축물이 아니라, 성공의 징표였고, 인생을 안정시키는 보험이었으며, 가족을 꾸리는 의식이자 사회적 성취의 상징이었다.

그러나 2020년대 이후, 그 서사는 무너지고 있다. 이제 젊은 세대는 집착하듯이 집을 꿈꾸지 않는다. 그들에게 집은 "언젠가 살 수 있을 것"이 아니라, "애초에 닿을 수 없는 것", 나아가 "갖고 싶지도 않은 짐"이 되어 가고 있다.

과거에는 집을 소유해야 어른이 되었지만, 이제는 빚을 지지 않기 위해 집을 거부하는 세대가 등장했다.

'무소유의 시대'는 이미 시작되었다.

1. 포기한 세대: 내 집 마련은커녕 임대료도 버겁다

국토교통부 주거실태조사에 따르면, 전체 가구의 자가 보유율은 약 60% 수준이다. 그러나 청년층의 현실은 이 평균과 크게 다르다.

20~30대 초반의 자가 보유율은 전체보다 훨씬 낮고, 대부분이 전세나 월세 같은 임대시장에 의존한다. 특히 최근 조사와 설문을 보면, 상당수 청년이 앞으로도 집을 살 계획이 없다고 답하는 경향이 확인된다.

이 흐름은 단순한 소득 부족이 아니라, 주택을 인생 목표로 삼지 않는 "MZ세대의 탈(脫)주택화" 현상으로 읽힌다. 이는 곧, 부동산 신화가 세대 차원에서 무너지고 있음을 보여준다.

서울의 2024년 평균 아파트 매매가는 약 11억 원이다. 연봉 4천만 원을 받는 사회초년생이 모든 돈을 저축해도 27년 이상이 걸린다. 그 시간에 결혼, 출산, 이사, 은퇴가 동시에 몰려온다.

집은 삶의 기반이 아니라, 감히 다가갈 수 없는 신기루다. 청년의 지갑은 텅 비고, 꿈은 빚의 무게에 짓눌린다. 과거 일본 버블기에도 '사토리 세대'가[11] 집을 아예 포기했듯, 한국 청년들도 같은 길을 걷고 있다.

---

11) "사토리 세대(さとり世代, Satori Generation)"는 일본에서 2010년대 이후 사회적으로 쓰이기 시작한 용어다. "사토리(悟り)"는 '깨달음'을 뜻하는데, 여기서는 불교의 깊은 깨달음이 아니라, 현실을 일찍 체념하고 욕망을 줄인 젊은 세대를 가리킨다.

2. 고용은 불안정, 소득은 멈추었다

청년들이 직면한 가장 큰 주거 장벽은 단순히 집값만이 아니다. 근본적 문제는 안정적인 소득의 부재에 있다.

공식 통계에 따르면 청년층의 고용 상황은 여전히 불안정하며, 체감실업률이나 비경제활동 인구까지 포함한 지표는 더욱 심각할 가능성이 크다.

더욱이 많은 청년이 계약직, 프리랜서, 플랫폼 노동 등 불확실한 고용 구조에 내몰려 있다. 세계적 추세 역시 이 방향으로 흘러가고 있으며, 안정적 소득 기반이 어려운 현상은 보편화되고 있다.

설령 운 좋게 직장을 얻더라도, 서울 원룸 월세 75만 원은 평균 청년 월 소득의 3분의 1 이상을 차지한다. 소득이 제대로 확보되지 않는 '멈춘 시대'에, 집값은 이제 빚으로만 접근 가능한 대상일 뿐이다. 이것이 곧 '하우스푸어'로 밀려나는 길이다.

3. 전세의 몰락, 사라지는 선택지

전세는 오랫동안 청년과 서민에게 마지막 안전망이었다. 집을 사기 전, 자산을 모으는 동안 발 디딜 공간을 제공하는 장치였다. 그러나 지금, 그 사다리는 무너지고 있다.

무엇보다 전세 사기라는 충격 때문에, 이 신뢰는 한순간에 사라졌다. 전세 사기 피해자는 이미 3만여 명을 넘었고, 그중 4명 중 3명은 20~30대 청년층이었다.

이처럼 전세는 청년들에게도 안전한 쉼터가 아니다. 전세를 선택하는 순간조차 불안하다. 월세는 생활비를 빨아먹는 블랙홀이고, 매매는 아예 이름조차 꺼내고 싶지 않은 영역이 되었다.

결국 살 집 자체가 선택지에서 사라진 사회, '무주택자'와 '하우스 푸어'만 늘어나는 사회가 되어 버렸다.

4. 탈서울, 탈소유, 탈결혼: 새로운 생존 전략

MZ세대의 선택은 단순한 변덕이 아니다. 그들은 스스로 지키기 위해 과거 세대와는 다른 삶을 택한다.

- 탈서울: "서울은 나의 도시가 아니다." 살 수 없는 곳에서 꿈을 포기하기보다는, 지방이나 외국으로 발길을 돌린다.
- 탈소유: "내 집은 필요 없다. 월세 계약서 한 장이면 충분하다." 집을 자산이 아니라 임시 거처로 받아들이는 태도가 확산된다.
- 탈결혼: "집이 없으니 결혼도, 출산도 없다." 가정과 재산을 묶던 전통적 서사는 유효하지 않다.

이 새로운 생존 전략은 시장의 심장을 얼려 가고 있다. 팔 사람만 남고, 살 사람은 사라지는 기이한 시장이 형성된 것이다.

5. 하우스푸어의 몰락, 금융의 균열

한때 부동산은 "빚을 내서라도 잡아야 하는 기회"였다. 그러나 금리가 오르고 경기가 죽자, 그 집은 족쇄로 변했다.

2024년 4분기, 한국의 가계신용 총액은 약 1,927조 원으로 역대 최고치를 기록했다. 그중 가계대출은 1,807조 원에 달하며, 주택담보대출도 같은 분기에만 11조 7,000억 원이 늘어났다. 소득이 정체된 상황에서 빚만 불어난 것이다.

더 심각한 것은 DSR 70%를 넘는 고위험 대출군이다. 은행권 신규 대출의 10~15%, 일부 지방은행에서는 30% 가까이가 이미 이 구간에 들어 있다. 아직 연체율이 공식적으로 공개되지는 않았지만, 상환 능력의 한계에 도달한 차주가 빠르게 늘고 있다는 사실은 부인할 수 없다.

금융당국의 경고는 단순한 관리가 아니라, '연체 폭발'이라는 시한폭탄이 눈앞에 다가왔음을 알리는 신호다.

은행은 담보 추가를 요구하지만, 담보가 없다. 집값이 이미 30~40% 하락한 지방 아파트는 팔리지도 않는다. 전세보증금 반환도 못하고,

대출 원리금도 못 내는 순간, 그 집은 거대한 금융 블랙홀이 되어 은행의 자산 건전성을 일순간에 빨아들이기 시작한다.[12]

6. 결론: 집이 아니라 도시가 사라지는 중이다

부동산은 요즘은 '부의 상징'이 아니다. 한때 도시와 상가는 가장 안전한 투자처, 가장 확실한 노후 수단이었지만, 지금은 고정비만 남긴 채 버려지는 자산이 되고 있다.

사람은 떠나고, 소비는 끊기며, 집은 팔리지 않고, 은행은 흔들리고, 도시는 죽어간다.

우리는 이제 인정해야 한다.

집은 자산이 아니라, 시스템이 남긴 공허한 껍데기다. 도시의 빛이 꺼지고, 거리는 공동묘지처럼 변해 간다.

이것이 바로 '죽은 상권, 죽은 도시', 그리고 부동산 환상의 종말이다.

---

12) 1997년 외환위기 당시, 부실 대출 회수가 불가능해지면서 동화은행·대동은행·동남은행·경기은행·충청은행 등 5개 은행이 사라졌다. 이들은 부실 채권 급증과 담보가치 하락으로 인해 자산 건전성이 급속히 무너졌고, 정부는 결국 공적자금을 투입하며 구조조정에 나섰다. 2011년 '저축은행 사태' 역시 비슷한 양상을 보였다.

13장

빚의 덫에
걸린 사람들

현재 대한민국에서 '부동산'은 더 이상 자산이 아닌 것으로 변해 가고 있다. 그것은 부채를 매개로 개인을 종속시키는 금융 장치로, 수많은 사람을 자발적 금융 노예로 전락시키는 구조의 중심에 서 있다.

집을 산다는 것은 안정과 안락을 얻는 행위가 아니라, 살아가는 평생 갚아야 할 빚의 족쇄를 자발적으로 채우는 의식이 되어 버렸다.

지난 50년간 부동산 가격은 후진국에서 선진국으로 경제발전을 이루면서 기하급수적으로 상승했다.[13] 사람들은 "안 사면 안 된다"는 불안감에 휩싸였고, 정부는 저금리 정책과 세제 혜택, 대출 규제 완

---

13) 러시아 경제학자 니콜라이 콘트라티예프(1892~1938)는 약 40~60년 주기의 장기파동 이론을 제시하며, 경제가 구조적 요인에 의해 호황과 불황을 반복한다고 보았다. 부동산 시장 역시 지난 50년간의 장기 상승을 통해 이러한 사이클의 영향을 확인할 수 있으며, 필자는 현재는 정점에 근접해 향후 하락 국면으로 전환될 가능성이 있다고 보는 것이다. 필자는 이 장기 사이클론 이론에 근거해 한국 부동산 시장의 구조적 위험을 분석해 보고 있다.

화로 그 불길을 키웠다.

2008년 금융 위기 이후 전 세계적으로 저금리가 장기간 유지되었고, 한국 역시 예외가 아니었다. 2014년 이후에는 LTV·DTI 같은 대출 규제가 대폭 완화되었으며, 2020~2021년 코로나19 시기에는 유례없는 유동성이 풀렸다.

그 결과, 대출은 집을 사기 위한 필수적 통과의례가 되었고, "대출은 능력"[14]이라는 역설적인 말까지 유행했다.

1. 대출은 금융 노예의 계약

대출은 단순한 금전 거래가 아니다. 그것은 개인의 미래 노동(소득)을 담보로 금융기관과 맺는 종속 계약이다.

· 주택담보대출의 평균 만기: 30년
· 이자 상환 총액: 원금의 1.5배 이상
· 상환 기간 중 단 한 번의 소득 단절만 있어도 곧바로 파산 위험

---

14) "대출은 능력"이라는 말 뒤에는 은행의 이중적 태도가 숨어 있다. 표면적으로는 건전한 금융질서를 내세우면서도, 실제로는 브로커들을 통해 차주를 끌어오고 실적을 채웠다. 은행은 브로커를 제도권 밖의 불법 주체로 몰아세우지만, 정작 그들의 존재 없이는 대출 실적을 유지하기 어려웠던 것이 사실이다.

집을 얻는 순간부터 은행의 눈치를 보며 살아야 하는 삶, 그것이 바로 금융 노예의 출발점이다.

2. 역사는 빚의 덫이 만든 파국을 증명한다

이런 구조는 한국만의 문제가 아니다. 일본의 1980년대 후반 부동산 버블은 가계와 기업 모두가 과도한 부채를 떠안으며 유지되었다. 그러나 1991년 버블이 사라지자 가격은 반 토막 났고, 은행 대출은 회수 불능이 되었다. 일본은 결국 '잃어버린 20년'을 넘어, 집을 포기한 '사토리 세대'를 낳았다.

미국도 다르지 않았다. 2008년 서브프라임 모기지 사태는 '누구나 집을 가질 수 있다'는 환상이 얼마나 위험한지 보여주었다. 집을 담보로 한 대출이 증권화되어 세계 금융을 떠받쳤지만, 가격이 꺼지는 순간 그 모든 자산은 순식간에 부실 채권으로 바뀌었다.

금융의 탐욕과 가계의 빚 의존이 만나서 전 세계 경제를 흔든 것이다.

오늘의 한국은 이들과 닮아 있다. 부동산이 가계 자산의 76%를 차지한다는 한국은행 통계는 풍요로워 보이지만, 절반 이상이 대출을 동반한 허상이다.

특히 30~40대는 자산의 65% 이상이 빚에 의존한다. 집은 부의 상징이 아니라 빚의 포장지에 불과하다.

3. 신용은 금융 노예의 자격증

신용점수는 본래 사회적 신뢰의 표시였지만, 이제는 빚을 얼마나 잘 감당했는지, 그리고 앞으로 얼마나 잘 감당할 수 있는지의 기록일 뿐이다.

신용점수가 높다는 것은 더 많은 부채를 떠안을 능력이 있다는 뜻이다. 금융기관은 이를 근거로 다시 대출을 제공한다.

빚을 내야 신용을 유지할 수 있는 기형적 구조에 스스로 족쇄를 채우는 것이다. 결국 신용은 자랑스러운 명예가 아니라, 금융 노예로 살아갈 자격증이다.

4. 금융 노예의 사다리

사람들이 노예로 길들여지는 과정은 네 단계로 압축된다.

- 조기 매입: "지금 안 사면 못 산다"는 압력 속에서 영끌·빚투로 무리한 매입
- 부채 증폭: 집값과 함께 대출도 증가, 생활비 부족분은 신용대출로 메움
- 이자 압박: 금리 인상으로 변동금리 대출자의 부담 폭증, DSR

한계 도달

· 삶의 종속: 소비 여력 상실, 결혼·출산·여행·교육 모두 후순
위로 밀림

이 사다리를 오르는 순간, 사람은 자신도 모르게 금융 노예가 된다.

5. 탈출 불가능한 감옥

부채는 단순한 돈의 문제가 아니라 신용·세금·연금·가족 구조
까지 얽힌 총체적 계약이다.

· 상환 중단 → 연체
· 연체 → 신용 하락
· 신용 하락 → 재직 불이익, 추가 대출 불가
· 가족 전체의 재정이 연쇄 타격

따라서 빚은 결코 멈출 수 없다. 금융 노예의 가장 잔인한 진실은
바로 "탈출 불가능하다"는 점이다.

6. 부동산은 금융 노예의 공장

부동산은 단순한 공간적 자산이 아니다. 그것은 금융권이란 공장에서 대량으로 제조·판매한 30년짜리 부채 상품이다.

- 건설사: 공급
- 정부: 세제·정책 유도
- 금융권: 대출 공급
- 개인: 부채 구매자

개인의 인생은 은행의 상품으로 전환되고, 중산층이라는 이름은 사실상 이 공장이 길러낸 가장 충실한 소비 노예를 뜻한다.

7. 중산층[15]이라는 감옥

대출을 갚기 위해 일하고, 신용을 유지하기 위해 소비하며, 부채를 위해 삶을 조정하는 사람들이다. 그들은 "중산층"이라 불리지만, 실

---

15) 중산층의 정의는 크게 3가지로 정의할 수 있다. ① 경제적 정의로 중위소득 기준으로 중간 구간의 가구이다. ② 사회적 정의로 안정된 직장·내 집 소유·자녀 교육을 통해 세대를 이어 가는 생활양식을 가진 계층이다. ③ 현대적 의미로는 과거의 '풍요로운 중간자'에서, 지금은 붕괴 위기의 상징으로 등장하고 있다.

제로는 금융 시스템이 만든 가장 이상적인 피지배자다.

혁명도, 파업도 하지 않고, 묵묵히 대출을 갚는다. 이 감옥의 이름이 바로 중산층이다.

8. 자유는 상환이 끝난 후에만 존재한다

오늘날 진정한 자유는 부채를 모두 청산한 사람에게만 허락된다. 그 외의 사람들은 자유로운 척 행동하지만, 사실은 철저히 길들임을 당한 금융 노예일 뿐이다.

빚은 선택이 아니라 구조이고, 집은 자산이 아니라 족쇄이며, 소유는 자유가 아니라 종속이다.

부동산은 지금, 당신의 삶을 구속하는 가장 정교한 감옥으로 변해가고 있다. 일본의 잃어 버린 20년이, 미국의 금융 위기가, 그리고 오늘의 한국이 이를 증명한다.

14장

금융이라는 마법,
부동산의 착각

"10%만 있어도 집을 살 수 있습니다."

최근 정부가 내세운 지분형 주택 투자 모델은 언론과 정책 자료에서 반복적으로 홍보되고 있다. 겉으로는 합리적으로 보인다.

정부가 일부를 출자하고, 나머지는 대출로 충당해 최소한의 자기자본만으로 집을 살 수 있게 해주는 구조, 그러나 이 마법 같은 제도 뒤에는 냉정하고 차가운 악마의 미소가 숨어 있다.

하락하는 집값을 막을 수 없다는 전제 위에서, 정부가 위험을 민간에 떠넘기려는 검은 유혹을 설계한 것이다.

부동산 시장은 이미 고점에서 꺾였음을 정부도 잘 알고 있다. 그렇지 않다면 굳이 공공이 지분을 나눠 가질 이유가 없다.

지분형 모델은 시장이 하락할 수밖에 없다는 사실을 은밀히 인정하는 장치이자, 개인을 다시 수요자로 동원하기 위한 심리적 장치다.

1. 소유를 분할하는 금융공학

집이라는 공간의 물리적인 목적은 거주다. 그러나 금융은 집을 자산으로, 다시 금융상품으로 바꾸었다. 지분형 모델은 그 상품을 다시 쪼개어 파는 과정이다.

개인은 10%만 내고도 집에 들어올 수 있다고 믿지만, 그것은 절대적 권리가 아니라 제한된 점유권일 뿐이다.

상승할 때는 이익을 나누고, 하락할 때는 손실을 함께 진다는 구호는 균형 있게 들리지만, 사실은 국가가 직접 지는 위험을 분산시켜 민간에 전가하는 구조다.

2. MBS와 지분형의 닮은 점

이 방식은 금융공학의 오래된 발상과 닮아 있다. 2008년 글로벌 금융 위기를 촉발한 주택담보부증권(MBS)은 개별 주택담보대출을 잘게 쪼개어 묶은 뒤, 안전한 상품처럼 포장해 팔았다.

투자자들은 "위험이 분산되었다"는 말에 안심했지만, 실제로는 위험을 가려 놓은 착각의 장치였다.

지분형 주택도 다르지 않다. "국가와 함께 나눈다"는 구호는 신뢰를 주지만, 실제로는 수요자에게 빚과 위험을 떠넘기는 심리 유도형 파생상품이다.

3. 대출은 수단이 아니라 전제다

지분형 모델에서 개인이 감당해야 할 나머지 지분은 결국 대출이다. 즉, 미래 소득을 담보로 한 부채를 새롭게 떠안는다는 뜻이다. 금리가 높은 상황에서 이 대출은 단순한 자금 조달이 아니라 삶을 압박하는 족쇄가 된다.

그러나 정책은 이 불편한 진실을 가리고 "진입 장벽이 낮아졌다"는 메시지만 반복한다.

금융이라는 마법은 바로 이 지점에서 작동한다. 현실의 위험을 은폐하고, 돈이라는 환상의 기회를 설계하는 것이다.

4. 착시의 구조물

사람들은 지분형 모델을 통해 집을 산다고 믿지만, 실제로는 국가와 금융기관이 설계한 구조 속으로 들어갈 뿐이다.

소유는 분산되고, 책임도 분산되는 듯 보이나, 최종적으로는 모든 위험이 수요자에게 돌아온다.

이익이 발생하면 공공과 민간이 나누어 갖고, 손실이 나도 "함께 책임진다"는 명분 아래 국민의 세금과 개인의 부채가 동시에 만들어진다.

결과적으로 이 제도는 국가가 집값 하락을 회피하면서도, 시장 참여자의 욕망을 자극하기 위한 장치다.

5. 무너지는 신화, 흔들리는 마법

지분형 투자의 출발점은 "집값은 앞으로 오를 것"이라는 맹목적인 믿음이다. 그러나 그 믿음은 서서히 붕괴하고 있음에도, 정부와 금융권은 그 믿음을 부추기며 시장을 연명시키려 한다. 지분형 투자는 그 연명의 기술이자, 착시의 구조물이다.

우리는 지금 금융이라는 마법에 둘러싸여 살고 있다. 그 마법은 집이라는 공간을 욕망의 대상으로 바꾸고, 소유의 가치를 돈으로 만들었다.

대출은 단순한 수단이 아니라 구조적 전제가 되었고, 금리는 단순한 조정 변수가 아니라 생존을 위협하는 족쇄가 되었음을 알아야 한다. 이 모든 것은 부동산 시스템을 유지하기 위해 설계된 정교한 누군가의 기술이지만, 이제 그 기술은 균열을 드러내고 있다.

궁극적인 질문은 단순하다.

・ 나는 과연 누구의 집을 사는 것인가?

정말 내 집을 사는 것인가, 그것이 아니면 국가와 금융이 설계한 기대와 환상을 사는 것인가. 지분형 투자라는 이름으로 유통되는 이 상품은 금융이 만든 새로운 착각일 수 있다. 그리고 그 착각이 무너지는 순간, 우리는 금융이라는 거대한 조작 장치의 붕괴를 목격하게 될지도 모른다.

15장

도시는
누구의 것이 되는가?

대한민국의 도시는 지금 거대한 전환점에 서 있다. 이 변화는 단순히 건축물의 높이가 달라지고, 길이 넓어지는 차원의 문제가 아니다.

그것은 도시를 소유하고 지배하는 주체가 바뀌는 과정이며, 더 나아가 도시라는 공간이 누구를 위해 존재하는가에 대한 근본적인 질문을 던진다.

과거의 도시는 삶의 무대였다.

일터와 집이 가까이 있고, 이웃은 서로를 돌보며, 시장은 교류의 중심지였다. 그러나 2000년대 이후 부동산 가격의 기하급수적 상승과 금융의 침투는 도시의 성격을 바꿔 놓았다.

도시는 시민의 터전이 아니라, 수익률을 극대화하기 위한 자본의 상품으로 설계되었다.

재개발과 재건축, 고밀도 고층화, 고가화의 과정은 겉으로는 "발

전"이라는 이름을 내세우지만, 실상은 누가 더 큰 수익을 가져가느
냐의 전쟁터일 뿐이다.

서울의 강남, 용산, 성수 같은 지역은 이미 그 본모습을 잃었다. 거
주가 아닌 투자 목적의 오피스텔, 고급 아파트, 공유 오피스, 프리미
엄 상업시설이 줄지어 서 있다. 이 공간들은 더 많은 임대수익, 더 높
은 시세 차익을 위해 설계된다.

그 결과, 삶과 관계, 공동체와 문화라는 도시의 원래 기능은 사라
지고, 도시는 통계표와 수익률 그래프의 언어로만 존재하는 금융 기
호가 되어 가고 있다.

1. 도시는 승자만의 공간이 된다

대기업, 자산운용사, 대형 금융기관, 초고액 자산가들이 도시의 핵
심 지대를 장악한다. 그들은 거주와 상업을 자유롭게 오가며, 부동
산을 자기 자산 포트폴리오 속 하나의 수익 수단으로 편입시킨다.

반대로 청년, 고령자, 저소득층, 자영업자, 그리고 오랫동안 동네
를 지켜 온 주민들은 도심에서 밀려나 외곽으로 흩어진다. 집은 사
라지고, 삶의 자리도 잃어 버린다. 도시는 물리적으로는 팽창하지만,
사회적으로는 급속히 수축한다.[16]

---

16) 오늘날 한국 사회에서 '금수저·흙수저' 담론은 은유가 아니라 현실적 계급 구분으로 작

2. 투자 유닛으로 쪼개진 공간

강남의 아파트 한 채, 성수의 빌딩 한 층은 이제 누군가의 거처라기보다 매매와 전매, 임대를 통한 수익을 창출하는 유닛이다.

이익을 남기는 순간에만 존재 가치가 있고, 이웃과 공동체는 그 계산법 속에서 배제된다.

도시의 풍경은 화려해 보이지만, 그 화려함은 곧 비어 있는 집, 비어 있는 상가, 그리고 비어 있는 마음으로 이어질 때는 초라할 뿐이다. 도시가 공동체가 아닌 자본의 실험실이 된 것이다.

3. 지방 도시의 착각과 붕괴

수도권이 부동산 금융화로 부풀어 오르는 동안, 지방 도시들에서는 다른 형태의 거품이 진행되었다. 혁신도시, 기업도시, 스마트시티라는 이름으로 추진된 개발은 실제 주민의 삶과 동떨어진 경우가 많았다.

농촌 지역의 인구는 해마다 줄어들고 있다. 실제로 읍·면 단위의 주민 수는 눈에 띄게 감소하고 있으며, 젊은 세대가 떠난 자리에 고

동한다. 부동산은 단순한 자산이 아니라 사회적 신분을 규정하는 기준이 되었고, 개인의 인격이나 품격, 그리고 지성보다 거주지와 보유 주택이 존중의 척도가 되는 왜곡된 위계가 형성되었다.

령자만 남으면서, 인구 감소와 고령화가 동시에 진행되는 현실이 드러난다. 이 흐름은 단순한 변화가 아니라, 마을 공동체가 붕괴 직전에 있음을 보여 주는 신호다.

사람이 떠나는 곳에 아무리 새 건물을 세워도 수요는 채워지지 않는다. 결국 남는 것은 텅 빈 상가, 팔리지 않는 아파트, 학생 없는 학교뿐이다.

신도시의 해체는 '개발 실패'가 아니라 인구 구조라는 거스를 수 없는 파도의 결과다.

4. 금융 마법의 또 다른 얼굴

금융공학은 새로운 것이 아니다. 해외에서는 이미 '부동산 파생상품'이라는 이름으로 구조가 설계되었고, 그것이 어떤 결말을 맞았는지도 우리는 알고 있다.

2000년대 미국의 MBS(주택담보부증권)는 위험을 분산한 것처럼 보였으나, 실제로는 위험을 감추고 키워 세계 금융 위기의 도화선이 되었다.

앞에서 언급했지만, 지분형 투자 역시 "국가와 나누는 소유"라는 환상을 통해 하락 위험을 은폐하고, 새로운 수요를 강제로 만들어 내는 도구일 뿐이다.

5. 도시 권한의 상실

도시가 금융공학의 무대가 되는 순간, 가장 먼저 사라지는 것은 시민의 권한이다.

도시는 물리적으로 존재하지만, 그것을 누가 어떻게 사용할지는 시민이 아니라 자본과 제도가 결정한다. 사람들은 그저 빚을 떠안은 소비 노예로 살아가며, 도시에 대한 권리는 돈에 대한 지불 능력으로 환산된다.

'중산층'이라는 이름은 자유의 표지가 아니라, 금융 시스템이 길러낸 가장 안전한 소비 노예의 또 다른 말, 그 이상도 이하도 아니다.

도시는 지금, 소유가 집중되고, 관계는 해체되며, 공공은 사라져간다. 결국 부동산 시장의 붕괴보다 더 본질적인 위기가 다가온다.

삶의 구조 자체가 무너지는 사회적 붕괴, 그것이 우리가 맞이할 다음 국면이다.

우리는 스스로 물어야 한다.

도시는 누구의 것인가, 내 삶의 터전인가?

만약 아니라면, 우리가 매일 밟고 사는 거리와 집은 이미 우리의 것이 아니며, 우리는 단지 그 안에서 임시로 머무는 이방인일 뿐이다.

16장

지방 소멸,
부동산의 끝

지방은 지금 조용히, 그러나 확실하게 소멸하고 있다. 이 소멸의 정중앙에는 비어 있는 부동산의 환상이 존재하며, 그 환상은 거대한 착각으로 남아 있다.

통계청과 한국고용정보원의 발표를 보면, 전국 228개 시·군·구 중 약 40%가 30년 내 소멸 위험지역으로 분류된다.

특히 소멸 위험 고위험 지역은 121곳, 절반이 넘는 수치다. 이는 단순한 숫자가 아니라, 삶이 사라지는 마을들이 이미 현실이라는 신호이다.

1. 데이터가 증명하는 소멸의 현실

농촌 현실은 이미 인구 붕괴가 진행 중인 구조적 재앙의 현장이다.

2023년 기준, 전국의 읍·면 중 358곳의 인구가 2,000명 이하로 줄어든 상태다. 일부 지역은 고령 인구 비율이 40%를 넘어간다.

이 수치는 지방 소멸이 먼 미래의 이야기가 아니라, 이미 우리의 발밑에서 진행 중인 위기임을 명백히 보여 준다.

특히 '소멸 고위험 지역' 기준에 해당하는 읍·면은, 젊은 인구는 빠져나가고 고령층만 남은 채, 공동체가 무너져 내리는 현장의 증거다.

이는 한 세대 뒤, 마을 자체가 사라질 수 있음을 뜻한다. 집을 지어도 들어와 살 사람이 없다. 수요가 증발한 공간은 가격이 하락하는 것을 넘어 거래조차 불가능한 무(無)의 공간으로 변해 버린다.

2. 빈집과 유령도시, 그리고 개발의 맹목

수많은 지자체는 인구 감소 속에서도 복합개발, 혁신도시, 관광 클러스터 같은 사업을 진행했다.

그러나 대부분은 허장성세에 불과했고, 현실과 괴리된 수요 예측, 중앙 보조금 의존, 민간 투자 유도에 치중한 결과 공실과 유령도시만 양산했다.

신도시 아파트에 사람이 살지 않고, 상가는 불 꺼진 채 방치되고, 공동현관에는 주인 없는 우편물과 임자 없는 호수 표식만이 남아 있다.

3. 개발의 시스템화, 수익-순환 구조

왜 이런 비현실적인 공급 정책이 반복되는가? 답은 명확하다. 지방 개발은 다음과 같은 흐름으로 반복된다.

· 토지 확보 → 도시계획 → 개발 → 분양 → 정산 → 철수

이 일련의 구조는 지방 정부에는 업적, 건설사와 금융기관에 이익을 남긴다. 그러나 그 비용은 세금으로 충당되어 빚을 짊어진 젊은 세대들이 떠안는다. 개발은 공동체의 미래가 아니라 정치적 성과를 위한 도구로 전락했다.

이 시스템 속에서 국민은 수요자가 아닌 개발 구조의 대상으로 전락한다. 결과는 마이너스 프리미엄, 공실 증가, 후대의 재정 부담뿐이다.

4. 대규모 프로젝트의 심각한 간극

국가산업단지, 혁신도시, 제2공항, 관광단지 같은 대형 프로젝트는 대개 정치적 논리에서 출발한다. 사업 타당성 조사는 객관적 분석보다 정치적 필요와 지역 논리에 맞춰 조정되기 일쑤다.

그러나 현실은 냉혹하다. 혁신도시에 이전한 공공기관 직원의 가족 동반 이주율은 절반(약 50%) 수준에 불과하다. 많은 직원은 주말마다 본가로 돌아가고, 수도권과 혁신도시를 오가는 '반(半) 이주'가 일반화되어 있다.

정착률이 낮으니 상권도 살아나지 못한다. 실제로 충북 혁신도시의 경우 상가 공실률이 30%에 달한다는 보고까지 나왔다. 결국 "정주성과 공동체는 형식만 남았다"는 말은 수치로도 확인되는 현실이다.

5. 지방은 활주로 없는 공항이다

지방 부동산은 한때 "서울보다 싼 마지막 기회"로 포장되었지만, 2021년 이후 거래량은 폭락했다.

지방에서 쏟아진 신축 아파트는 실수요자를 끌어들이지 못했다. 사람은 줄어드는데, 집만 늘어난 것이다. 결국 지방은 사람이 살기보다 버려지기 위해 만들어진 공간이 되었다.

정책은 논리를 잃고, 그 자리에 환상만이 남았다. 지방의 소멸은 단순한 인구 감소가 아니다. 그것은 사회 구조의 소멸, 정체성 상실, 정주성을 기반으로 한 공동체 붕괴다. 토지와 건물만 물리적으로 남고, 그 공간을 어떻게 쓸지, 누구를 위해 존재할지는 사라졌다. 기억과 관계, 삶의 흔적은 지워진다. 그 과정에서 공동체는 무너지고, 지방은 빛을 잃는다.

　필자가 말하는 '부동산의 끝'은 단순한 가격 하락이 아니다. 그것은 공간이 인간 삶을 담지 못할 때, 사회 전체의 질서가 부서지는 지점을 의미한다. 지방 소멸은 그 전조이며, 우리는 지금 그 문턱에 서 있다.

17장

해외 사례에서 본
한국 부동산의 미래

2025년 한국의 부동산 시장은 균열이 나타나고 있다. 그러나 이 균열은 결코 한국만의 독특한 현상이 아니다. 이미 세계 여러 나라가 비슷한 길을 걸어왔다.

일본, 중국, 미국 ─ 이 세 나라는 정치제도도, 금융 시스템도, 인구 구조도 다르다.

그럼에도 부동산이라는 재화에 투기와 집착, 금융과 정책을 덧씌운 끝에 어떤 결말을 맞게 되는지 보여 주는 거대한 실험실이었다는 공통점이 있다.

이들의 사례는 하나의 교훈을 준다. 부동산 시장은 한순간에 폭발하지 않는다. 그러나 일단 무너지면, 결코 예전으로 돌아가지 않는다.

1. 일본 — 수요가 사라지면 시장도 죽는다

1991년, 일본의 부동산 거품이 터졌다. 닛케이는 사상 최고치를 넘어섰고, 도쿄의 땅값은 맨해튼의 수십 배에 달했다. 그러나 일본은행의 금리 인상으로 그 거품은 순식간에 깨졌다. 일부 지역에서는 부동산 가치가 무려 80% 가까이 증발해 버렸다.

그 후폭풍은 지금도 현재 진행형이다. 일본 총무성 통계에 따르면, 2023년 기준 전국에는 약 900만 호의 빈집이 존재하며, 이는 전체 주택의 13.8%에 해당한다. 이 숫자는 단순한 고정 자산 붕괴가 아니라, 주택 시장 전체의 기능이 부분적으로 마비된 상태를 상징한다.

그 원인은 단순하다. 사람이 줄었기 때문이다. 출산율은 1.3 이하로 내려가고, 고령화가 심해지면서 수요 자체가 사라졌다. 그 결과, 도쿄조차 공실 증가 보고서가 나올 정도다.

한국도 이 경로를 빠르게 닮아 가고 있다. 출산율 0.72, 중소도시의 공동화, 지방 소멸이 발생하고 있다. 이는 지방만의 문제가 아니라, 서울도 예외가 될 수 없다는 예고다.

수요가 붕괴된 부동산은 어떤 입지에 있어도 가치를 유지할 수 없다.

2. 중국 — 공급 과잉은 스스로 집어삼키었다

중국 부동산의 규모는 막강하다. 국내총생산(GDP)의 25% 이상을 차지하는 거대 산업이며, 지방 정부의 재정은 토지 매각에, 건설사들은 선분양에 기대어 성장하였다. 하지만 실수요에 기반하지 않은 과잉 공급은 체계적 위기를 불러왔다.

헝다그룹의 디폴트[17]는 단순한 기업 파산이 아닌, 세계 금융시장에 금전적 충격을 남겼고, 대규모 미완공 신축 아파트는 유령도시의 풍경이 되었다.

전 세계적으로도 이 충격은 잊히지 않고 있다.

골드만삭스 보고서에 따르면, 중국의 미분양 주택 공급 규모는 천문학적 수준이다. 2023년 말 기준으로도 전국 미분양 주택이 약 9.3조 위안(약 13조 달러)에 달하며, 실제 수요보다 최소 두 배에 달하는 물량이 쌓여 있다.

전문가는 이를 "6,500만 채 이상의 빈 주택", 또는 "3억 인구를 수용할 수 있는 규모"라고 표현하기도 했다. [18]

그러나 실제 거주자는 없다. 공급은 존재했으나, 수요는 증발했다.

---

17) 헝다그룹은 2021년 해외 채무 불이행(Default)을 선언한 이후, 중국 최대의 부채 기업으로 역사에 기록되었다. 부채 총액은 3,000억 달러 이상이며, 공개된 상환 압박과 유동성 위기로 인해 글로벌 투자자들의 신뢰가 흔들렸고, 중국 부동산 시장 전체의 불안정성을 증폭시켰다. 또한, 2024년부터 시작된 법원 명령에 따라 회사는 청산 절차에 들어갔다.
18) 이는 현실을 해석하는 하나의 관점일 뿐 공식 수치는 아니지만, 부동산 붕괴의 질량과 스케일을 보여 주는 유의미한 추정치다.

한국도 다르지 않다. 정비사업, 신도시 건설, 각종 특혜 정책은 실제 수요보다 제도적 명분에 기대어 진행된다. 수요 없는 공급은 반드시 붕괴한다. 중국의 실패는 바로 그 교과서다.

3. 미국 — 금융화된 주거의 파국

2008년 미국을 휩쓴 서브프라임 모기지 사태는 부동산이 어떻게 금융의 놀이판으로 전락하는지 보여 준다. 신용도가 낮은 차입자에게 무분별하게 대출을 퍼 주고, 이를 MBS[19]와 CDO[20] 같은 파생상품으로 쪼개 세계 금융시장에 팔았다.

집은 '사는 곳'이 아니라, 거래 가능한 숫자가 되었고, 모두가 그 숫자에 매달렸다.

결과는 참혹했다.

1991년 일본의 부동산 거품이 꺼진 뒤, 도쿄의 토지가치가 수십 년간 회복되지 못한 것처럼, 2006년을 정점으로 미국 역시 같은 길을 걸었다. 전국 집값은 지역에 따라 20~30% 가까이 하락했고, 2008년에는 주택 압류 건수가 전년 대비 81% 급증했다. 전국 평균으로는

---

19) MBS(Mortgage-Backed Security)은 주택담보대출을 모아 만든 증권으로, 원리금 상환에 따라 투자자가 이자를 받는 구조다.

20) CDO(Collateralized Debt Obligation): 대출채권·회사채·MBS 등을 묶어 등급별로 쪼개 판매한 파생금융상품으로, 위험을 분산하는 듯 보이지만 실제로는 은폐·확대시킨 대표적 금융공학 산물이다.

전체 주택의 약 1.8%가 압류 절차에 들어갔으며, 일부 지역에서는 5%를 넘어서는 사례도 나타났다.

그 결과 수백만 가구가 집을 잃었고, 중산층의 삶은 해체되었다. 금융 시스템마저 휘청이며 세계 경제를 벼랑 끝으로 몰아넣었다.

버블의 붕괴는 단순한 가격 조정이 아니다. 그것은 사회 구조 자체를 뒤흔드는 파괴적 사건이며, 일본과 미국의 사례는 그 사실을 뼈아프게 증명한다.

한국 역시 지금 비슷한 길을 걷고 있다. 전세대출, 갭투자, 다중 채무, 부모 집을 담보로 한 청년 대출, 금융이 설계한 레버리지 구조 속에서 집은 이미 상품으로 전환되었고, 그 결과 사람들의 삶은 금융 시스템에 예속되었다. 미국의 과거가 한국의 미래가 되는 것은 시간 문제일 뿐이다.

부동산이 삶이 아닌 금융 레버리지 수단으로 변할 때, 시장은 겉으로는 평온해 보여도 내부는 빠르게 붕괴한다.

4. 세 나라의 그림자, 하나의 한국

한국 부동산의 미래를 예측하는 것은 어렵지 않다. 왜냐하면 이미 다른 나라가 걸어간 길을 동시에 밟고 있기 때문이다.

· 일본처럼 인구가 사라지고

· 중국처럼 수요 없는 공급이 난립하며

· 미국처럼 주거가 금융상품으로 왜곡되었다.

세 나라는 각기 다른 이유로 무너졌지만, 한국은 그 모든 조건을 단일한 시간 축 위에 동시다발적으로 안고 있다.

한국의 부동산은 지금 세계사적 '복합 위기의 실험실'이다. 일본의 인구 구조, 중국의 공급 과잉, 미국의 금융화가 한꺼번에 결합된 나라는 대한민국이 유일하다.[21]

따라서 붕괴의 형태와 속도도 어느 나라보다 치명적일 수밖에 없다.

이제 질문은 단순하다.

우리는 언제까지 이런 길을 걸어갈 것인가?

하지만 대한민국에 사는 사람들은 여전히 "우리는 다르다"는 자기 최면에 빠져 있다. 그러나 역사가 보여 주는 대답은 분명하다. 다른 것은 없고, 늦게 따라갈 뿐이다.

---

21) 글로벌 학계에서도 한국 부동산 붕괴 연구에 대한 관심과 참여가 빠르게 늘어나고 있다. LGIU(2025) 서울 등 도시 집값 폭등, 1인 가구 증가, 전·월세 구조 변화 등을 중심으로 한국 주택 시장의 구조적 취약성을 외신 독자를 대상으로 상세히 설명하였다. D. Wang(2024) 한국의 부동산 버블 붕괴 시 발생할 거시경제 및 금융 시스템 영향-유동성 수요, 은행 리스크, 소비·투자 변화 등을 베이지안 추정 & 충격반응함수(IRF) 분석 기반으로 시뮬레이션한 논문이다. 이 연구는 한국의 구조적 위기가 글로벌 금융 시스템에 미치는 영향을 탐구한 대표적 사례다.

18장

정책은
누구를 위한 것인가?

"정책은 국민을 위한 약속인가, 아니면 시장을 위한 쇼인가?"

2025년의 대한민국 부동산 정책은 혼돈 그 자체다. 규제를 강화하면 가격은 오히려 더 치솟고, 규제를 풀면 불안정한 투기 자본이 몰려와 시장을 교란한다.

정부는 어느 날은 "투기와의 전쟁"을 선언하고, 다음 날은 "공급 확대"라는 이름으로 대규모 개발을 발표한다. 이 모순된 반복 속에서 사람들은 혼란에 빠지고, 결국 가장 큰 피해는 국민의 삶에 남는다.

사람들은 이제 묻는다. 정말 정책은 우리를 위해 존재하는가, 아니면 정권의 정치적 계산을 위한 연출일 뿐인가?

1. 20년, 40번 넘는 대책의 아이러니

2000년대 초반 이후 지금까지 정부는 40여 차례가 훌쩍 넘는 부동산 대책을 쏟아 냈다.

규제지역 지정, 재건축 연한 조정, 분양가 상한제, 종부세 개편, LTV · DTI · DSR 규제, 임대차 3법, 등록임대제도 등 이름만 달라진 정책이 끊임없이 반복되었다.

그런데 결과는 무엇이었는가, 집값은 안정되지 않았다, 오히려 폭등했다. 한국부동산원의 자료에 따르면, 서울 아파트 중위 매매가격은 2017년 약 6억 원대였으나 2021년에는 12억 원을 돌파했다.

정부가 내놓은 '안정책'이 실질적으로는 불안정의 불쏘시개가 되었음을 보여 준다.

2. 정책과 시장: 뒤바뀐 주도권

정책은 본래 시장을 조율하기 위한 도구다. 그러나 지금은 뒤죽박죽의 상황이 벌어지고 있다. 정부가 규제를 강화하면, 시장은 이를 상승 신호로 받아들이고 가격을 끌어올린다. 반대로, 정부가 규제를 풀면 투자자들은 재도약의 신호로 해석하며 다시 시장에 뛰어든다.

이것은 단순한 오판이 아니다. 정책과 시장 사이에 기묘한 공생 관계가 형성된 것이다.

정부는 "잡는 시늉"을 하고, 시장은 "속는 시늉"을 하며, 그 사이에서 집을 구하지 못한 청년과 서민은 매번 더 비싼 가격을 감당해야 하는 처지에 놓인다.

3. 공급 정책의 허상

공급 확대는 선거철마다 단골로 등장하는 슬로건이다. 3기 신도시, 공급대책, GTX 노선 확충, 역세권 고밀개발.

이 말들은 '희망의 언어'처럼 포장되지만, 실제 성과는 냉정하다.

2021년 발표된 2·4 공급대책은 전국 83만 호 공급을 약속했지만, 현실은 크게 다르다. 2024년 12월 기준 전체 착공 실적은 약 30만 호에 그쳤다. 목표와 비교하면 체감 실적은 절반에도 미치지 못하는 수준이다. 2025년 9월 발표된 계획에서는 수도권에 대해 2030년까지 연간 27만 호씩, 총 135만 호의 신규 주택을 착공하겠다는 과감한 목표를 내놨다.[22]

계획은 화려하지만, 실행은 곳곳에서 지연될 것이고, 현실의 벽에

---

22) 1기 신도시는 1989~1996년 사이 분당, 일산, 평촌, 중동, 산본에 총 39만 호가 공급되었으며, 이는 노태우 정권이 밀어붙이기식으로 추진한 결과였다. 그런데도 공급 규모는 이 정도에 그쳤다. 그렇다면 이후 정치권이 내세운 83만 호, 135만 호 같은 숫자는 어떻게 가능한가. 이는 실제 실행 가능성과는 무관한, 대중을 겨냥한 '숫자 놀음'에 불과하다.

가로막힐 것임을 예상할 수 있다. 근본적인 것은 사업성 부족이 발목을 잡은 결과다. 결국 "공급하겠다"는 말은 현실의 부족을 메우는 방안이 아니라, 시장 기대를 유지하기 위한 정치적 연극일 뿐이다.

4. 정책은 정치의 달력에 묶여 있다

부동산 정책이 발표되는 시점을 보면 더욱 분명하다. 선거를 앞두고는 대출 규제 완화, 신혼부부 특별공급, 생애최초 주택 구입자 지원책이 쏟아진다. 실제 2021년 4월 보궐선거 직전, 정부는 LTV 완화와 특별공급 확대를 약속하며 민심을 붙잡으려 했다. 그러나 선거가 끝나자 곧바로 세제 강화와 규제 카드가 다시 등장했다.

정책은 국민의 주거 안정을 목표로 하기보다는 정치적 지지를 얻고자 하는 도구로 사용되고 있다. 이는 구조적으로 반복된다. 정책은 제도의 언어로 포장된 약속이지만, 그 속에는 권력을 지키려는 기획된 의도가 자리하고 있다.

정책은 본래 사회계약의 구체적 실행이어야 한다. 그러나 한국의 부동산 정책은 정권의 생존 본능을 충족시키는 수단으로 이용되고 있다. 시장은 이미 데이터를 통해 정부의 약속이 현실이 되지 않음을 학습했다.

국민은 "정책 발표 = 또 다른 거품의 신호"로 받아들이고 있다.

이제 우리는 직시해야 한다. 집값을 안정시키겠다는 정책이 언제 한 번이라도 돈 없는 국민을 위해 작동한 적이 있었는가? 그것은 단지 표를 얻기 위해 정치인들이 사용하는 선거의 도구였다.

부동산의 종말은 가격이 무너지는 순간에만 찾아오는 것이 아니다. 국민과 정부 사이의 신뢰가 깨지는 순간, 그 사회 전체의 기반이 함께 무너진다.

19장

데이터는
어떻게 조작되는가?

숫자는 언제나 진실을 말하는가?

우리는 통계가 곧 사실이라고 믿는다. 그러나 한국의 부동산 시장에서 숫자는 '현실의 기록'이 아니라, '현실을 조작'하는 언어로 작동해 왔다.

KB시세, 국토교통부 실거래가, 감정평가액, 타당성 분석 보고서, 그리고 대형 언론이 흘리는 보도자료까지, 모두가 객관성을 가장하지만, 그 배경에는 늘 정치적 의도와 금융적 이해관계가 깊숙이 얽혀 있다.

겉으로는 숫자가 "증거"인 것처럼 보이지만, 실제로는 시장의 심리를 흔드는 무기로 사용된다. 수요가 있는 것처럼 포장하거나, 하락을 숨기는 것도 가능하다. 숫자는 언제나 해석의 도구이고, 해석은 권력의 손에 달려 있다.

1. 정책의 출발점, 그러나 왜곡된 '타당성 분석'

모든 개발사업은 타당성 보고서에서 출발한다. 인구 유입 전망, 가구 수 증가율, 교통량 추계, 분양률 예상, 수지 분석(NPV, PI), 이러한 수치들이 맞아야만 사업은 승인된다. 그러나 문제는 이 보고서들이 미래를 예측하기보다는 이미 짜 놓은 정책을 정당화하기 위해 수치를 '마사지'[23]하는 도구로 전락한다는 점이다.

예를 들어 2022년 A시의 한 도시개발 타당성 보고서는 향후 10년간 인구가 연평균 3% 이상 증가할 것이라고 전제하며, 9천 세대의 신규 주택 수요가 발생한다고 추정했다. 하지만 통계청의 「지역별 장래인구추계(2021~2035)」에 따르면, 해당 지역 인구는 오히려 2030년까지 12% 감소할 것으로 전망됐다.

전제가 잘못되면, 보고서 전체는 신뢰할 수 없는 것이다. 하지만 이 자료는 "개발 가능성"을 뒷받침하는 공식 근거로 제출되었다.

2. 실거래가 통계 — 진실인가 연출인가?

국토교통부 실거래가 공개시스템은 가장 공신력 있는 데이터로

---

23) "Data Massage", "Number Massage"로 표현하는 '마사지'란, 수치를 객관적으로 제시하는 것이 아니라, 의도에 맞게 가공·왜곡하여 보고서를 정책 추진의 도구로 만드는 비도덕적 관행을 뜻한다.

여겨진다. 그러나 이 역시 보여주기식 선택을 통해 얼마든지 다른 그림을 만들어 낼 수 있다.

실제 거래가 일부 고가 아파트에 집중되면, 평균가는 급등하는 것처럼 보인다. 반대로 거래 절벽으로 거래가 거의 없을 때, 단 몇 건의 저가 거래만 반영되어 "집값이 폭락했다"는 보도가 나오기도 한다. 결국 기준을 어디에 두느냐에 따라 상승과 하락에 대한 전망은 언제든지 조작 가능한 것이다.

2023년 3월, 주요 일간지들은 "서울 아파트값 4주 연속 상승"이라는 헤드라인을 달았다.

그러나 세부 데이터를 들여다보면 상승 폭은 0.01~0.03% 수준에 불과했다는 보도도 있다.

KB부동산 자료에 따르면, 당시 서울 아파트값은 분명히 상승세를 이어 갔지만, 그 폭은 극히 미미해서 의미가 없는 수치였다. 거래량 역시 예년과 비교하면 뚜렷하게 위축된 상태였으며, 이는 시장이 활력을 잃고 있음을 보여 주는 단적인 사례였다.

상승이 아니라 단순한 '하락 멈춤'이었음에도 언론은 이를 상승 신호로 포장했다.

3. 언론과 금융, 데이터의 공모 관계

언론[24]은 여전히 정부 발표 자료를 거의 그대로 옮겨 적는다. "135만 호 공급", "투기 근절", "주거 안정" 같은 화려한 구호가 헤드라인을 장식한다.

그러나 정작 낮은 실착공률과 지연된 공급 현실은 본문 깊숙이 묻히거나, 아예 다루어지지 않는다.

결국 국민은 약속만 보게 되고, 실행의 빈틈은 가려진다. 언론이 만들어 낸 착시 효과가 정책의 한계를 덮어 버린 것이다.

금융기관 역시 마찬가지다. 시세를 근거로 담보가치를 산정하고, 이를 기반으로 대출을 확대한다. 그러나 이 담보 평가 역시 미래 가격 상승을 전제한 계산일 뿐, 가격이 꺾이는 순간 담보가치는 무너진다. 금융은 데이터를 객관적 지표로 제시하지만, 실제론 자산 가격을 유지하기 위한 자기 암시적 장치로 활용한다.

4. 데이터의 구조적 왜곡

데이터는 그 자체로 중립적이지 않다. 무엇을 '집계'할지, 어떤 지

---

24) 2024년 세계 언론 자유도 순위에서 대한민국은 62위이다. 이는 대한민국이 선진 민주국가라 규정하는 담론과 달리, 언론 자유 측면에서는 여전히 후진국적 수준에 머물러 있음을 역설적으로 드러낸다.

표를 '평균'으로 삼을지, 어떤 시기를 '기준'으로 잡을지는 전적으로 정책과 이해관계자의 선택에 달려 있다.

"공급 부족"이라는 말은 전국 평균인지, 수도권만을 의미하는 것인지 명확하지 않다. "거래 증가"라는 헤드라인은 주간 단기 변동만을 강조한 것이라서, 연간 기준으로는 감소세일 수 있다. "집값 안정"이라는 표현은 실제론 상승률 둔화를 의미할 뿐, 가격 수준 자체는 여전히 치솟아 있다.

이처럼 숫자의 언어는 정의를 바꾸는 순간, 가격폭등이 일시적으로 멈춘 것을 안정이라는 다른 현실을 만들어 낸다.

숫자는 결코 거짓말을 하지 않는다. 그러나 숫자를 선택하고 배치하는 사람은 거짓말을 할 수 있다.

문제는 국민에게 그 거짓을 검증할 수단이 거의 없다는 것이다. 보고서는 비공개로 묻히고, 통계는 부분적으로만 제공되며, 언론은 이해관계자의 언어를 확성기처럼 중계한다.

결국 우리는 숫자를 믿지만, 그 숫자는 이미 조작된 기대의 산물일 수 있다.

부동산의 끝은 가격이 하락하는 시간을 말하는 것이 아니다. 데이터조차 진실을 잃어버릴 때, 사회는 현실을 인식할 능력을 잃는다. 우리가 붙들고 있던 '숫자'라는 진실이 허상이었음을 깨닫는 순간, 비로소 대한민국 부동산의 붕괴가 드러난다.

20장

젠트리피케이션의
진실

도시는 누구의 것인가.

도시가 변하고 있다. 그 변화는 누군가에게는 '힙한 트렌드'이고, 누군가에게는 '추방의 통보'다.

한국 사회에서 젠트리피케이션은 오랫동안 '도심 재생', '문화 부흥', '상권 활성화'라는 이름으로 포장돼 왔다. 하지만 실상은 명확하다. 도시에서 가장 오래 살아온 사람들이, 도시에서 가장 먼저 밀려나는 과정이다.

본래 젠트리피케이션은 1960년대 영국 런던에서 낙후 지역에 중산층 이상 계층이 유입되며 발생한 사회적·경제적 변화를 설명하는 개념이었다. 당시에는 도시 환경 개선, 지역 가치 상승, 문화적 다양성 확대라는 긍정적 이미지가 강조되었다.

그러나 한국에서 이 개념은 전혀 다른 형태로 변형되었다. 한국형

젠트리피케이션은 상업적 개발 + 임대료 폭등 = 원주민 추방[25]이라는 공식으로 귀결된다.

1. 예술가가 떠난 자리, 자본이 들어온다

서울 성수동은 그 전형적인 사례다. 한때 방치된 공장지대였던 이곳에 예술가와 디자이너들이 저렴한 임대료를 찾아 들어왔다. 작업실과 작은 카페가 들어서자 '문화 거리'라는 이미지가 형성되었다.

그러나 예술은 오래 머물지 못했다. 창고는 카페로, 공장 건물은 기업형 점포로 바뀌었고, 건물주는 임대료를 두세 배로 인상했다. 결국 가장 먼저 이곳을 살려 낸 창작자와 소상공인이 쫓겨났다.

2. 뜨는 거리의 필연: 브랜드화→ 임대료 상승→ 원주민 추방

하나의 거리가 주목받기 시작하면, 시간적·공간적으로 이어지는 과정은 언제나 비슷하다. 대기업 프랜차이즈 진입, 브랜드 상점의

---

25) 상가건물임대차보호법에 2015년 권리금 보호 규정을 신설하여 임차인의 영업상 이익을 보장하려 했으나, 실제로는 계약 자유를 제약하고 임대인·임차인 간 분쟁을 확대시켰다는 비판이 제기된다. 따라서 '보호 입법'이라기보다 포퓰리즘 법제화라는 평가가 나오고 있다.

입점, 임대료의 폭등, 그 결과 자영업자와 원주민은 떠나고, 동네는 정형화된 소비 구조로 재편된다. 부산 전포동 카페거리[26]는 이 사이클을 뼈저리게 보여 준다.

2020년 이후 프랜차이즈 입점 → 임대료 상승 → 소상공인 퇴출 → 공실 증가 → 상권 쇠퇴라는 과정을 거쳐 지금은 사람보다 간판이 많은 거리가 되어 버렸다.

3. 도시는 소비되고, 정주는 사라진다

젠트리피케이션은 단순한 상권의 이동이 아니다. 그것은 도시 공동체의 해체다. 원주민은 외곽으로 밀려나고, 경제력이 있는 새로운 계층이 잠시 자리를 차지한다.

그러나 이들 역시 정착하지 않는다. 소비를 위해 찾아오고, 떠나기 위해 산다. 그러는 사이 도시의 뿌리는 뽑히고, 정주의 기반은 사라진다.

서울 연남동, 대구 동성로, 전주 객리단길, 모두가 한때 '뜨는 거리'

---

26) 원래는 주거와 공업 혼재 지역이었는데, 2010년대 들어 소규모 카페·공방·식당 등이 들어서면서 '카페거리'라는 이름으로 알려졌다. 이후 대기업 프랜차이즈 카페, 브랜드 상점 등이 입점하면서 임대료가 빠르게 상승했고, 초창기에 자리를 잡았던 소상공인·청년 창업자들이 밀려났다.

였지만 지금은 공실과 임대 간판이 늘어선 쇠락 지대가 되었다. 이는 상권이 소모품이 되고, 도시가 소비재로 변하는 과정이다.

젠트리피케이션을 정부와 언론은 여전히 '재생'이라 부른다.[27] 문화 클러스터, 청년 창업 거리, 스마트 스트리트, 화려한 단어가 난무하지만, 본질은 바뀌지 않는다. 건물주는 배를 불리고, 원주민은 내쫓기며, 남는 것은 높은 임대료와 공실률이 뒤섞인 유령 거리다.

젠트리피케이션은 도시를 살리는 현상이 아니라, 도시를 소모하고 파괴하는 메커니즘이다. '도시가 살아난다'는 환상을 파는 순간, 사실 도시는 천천히 스스로 무너져 가는 것이다.

이 현상은 단순한 부동산 문제가 아니다. 도시의 정체성과 인간의 삶의 문제다. 젠트리피케이션은 부동산 가격의 거품이 도시 공간에서 어떻게 사회적 붕괴로 이어지는지를 보여주는, 가장 잔인한 거울이다.

- 도시는 비어 간다.
- 사람이 아닌 투자만 남는다.
- 소비자는 있지만, 주민은 없다.

---

27) 정부는 '도시 재생 뉴딜' 사업을 통해 노후 지역에 활력을 불어넣는다는 명목으로 사업을 진행하며, 언론은 '구도심 재생', '뜨는 동네', '핫 플레이스' 등의 표현으로 해당 지역 변화의 긍정적 면을 강조하는 경우가 많다. 실제로 이런 사업들에서는 임대료 상승과 원주민의 이탈이 동반되는 젠트리피케이션의 징후들이 빈번히 보고된다.

젠트리피케이션은 몰락의 전조다. 그것은 도시 공동체의 해체를 알리는 시그널이자, 도시가 살 수 없는 공간으로 전환되는 과정을 여실히 드러내는 부동산 시장의 전초전이다. 이 과정에서 가장 먼저 밀려나는 것은 서민과 지역 주민들이다.[28]

---

28) 미국 시카고 Cabrini-Green은 재개발로 원주민이 강제 이주하면서 공동체가 붕괴되고 공실 지역이 확산된 대표적 사례다. 덴버 Five Points는 흑인 문화 중심지였으나, 임대료 폭등으로 정체성을 상실하며 지역이 사실상 붕괴되었다. 이란 테헤란 Behjatabad는 재개발 과정에서 저소득층이 퇴출되었고, 사회·경제적 지속성이 붕괴되었다. 태국 여러 구도심 지역은 '도시 재생'이라는 명목 아래 개발되면서 전통문화가 상실되고 주민이 내몰리며 불평등이 심화되었다.

21장

부동산,
안전자산의 굴욕

대한민국에서 부동산은 오랫동안 '안전자산'이라는 이름으로 불려
왔다.

가치가 잘 떨어지지 않고, 시간이 지나면 가격이 오르며, 최소한
본전은 보장된다는 믿음이다.

이것은 한 세대 전체의 의식을 지배한 신화였다.

그러나 지금 이 믿음은 빠르게 무너지고 있다. 부동산은 안전한 자
산이 아니다. 오히려 가장 위험한 자산으로 바뀌어 가는 과정에 있다.

1. 안전자산 신화의 기원

'안전자산'이라는 인식은 과거의 성장기에 만들어진 산물이다. 1970

~90년대 한국은 고도성장과 도시화가 겹친 시기였다. 농촌 인구가 도시로 몰리면서 주택 수요는 항상 공급을 초과했고, 정부는 정책적으로 부동산 가격을 묵인하거나 심지어 조장했다.

이 시기에 부동산은 고정 수입이 없는 자산가에게 최고의 수익처였고, 서민에게는 '빚을 내도 반드시 성공하는' 투자처였다. 대출을 끼더라도 집을 사면 시간이 해결해 주는 구조였으니, 부동산은 '투기형 안전자산'으로 굳어졌다.

그러나 이 믿음은 이미 과거형이다. 지금의 경제·인구 구조는 완전히 달라졌다.

2. 수요 기반의 붕괴

통계청 자료에 따르면 전국 빈집은 이미 160만 호를 넘어섰다. 단순히 비어 있는 집이 늘어난 것이 아니라, 지방 중소도시에서는 빈집률이 15%를 넘는 곳이 속출하며 지역 공동화가 가속화되고 있다.

빈집은 곧 인구 구조의 그림자다. 사람이 줄면 집은 남고, 남은 집은 다시 사람을 밀어낸다. 이 악순환이 시장의 붕괴를 예고한다.

서울이라고 해서 안전지대는 아니다. 출생률 0.72라는 수치는 장기적으로 수요 기반 자체가 허물어지고 있음을 보여준다. 인구가 줄어드는 사회에서 주택 가격의 상승을 기대하는 것은 합리적 계산이 될 수 없다.

3. 거품으로 유지되는 가격[29]

문제는 이 같은 수요 부재에도 불구하고, 부동산 가격이 여전히 거품을 유지하고 있다는 점이다.

저금리 시대의 유동성, 정부 정책에 대한 기대감, 언론의 선동, 공급 왜곡이 합쳐져 거품의 가격을 만들어 냈다. 이 가격은 경제 충격이나 금리 변동에 극도로 취약하다.

실제 거래량은 줄고 있지만, 일부 고가 거래만 노출되면 '시장 회복'이라는 착시가 만들어진다. 숫자는 안전의 상징처럼 보이지만, 그 밑에는 취약한 기반과 불안한 심리가 깔려 있다.

---

29) 경제학에서 말하는 거품(Bubble)이란 자산의 내재가치와 시장가격 사이의 괴리(오차)를 뜻한다. 그러나 문제는 이 괴리의 폭을 정량적으로 측정할 방법이 없다는 점이다. 내재가치 자체가 불확실하기 때문에, 어느 시점에 가격이 거품인지 확인은 사후적으로만 가능하다. 이와 관련해 자주 언급되는 것이, 영국의 존 메이너드 케인스(1883~1946)의 '큰 바보 이론(Greater Fool Theory)'이다. 자산 시장 연구에서 널리 쓰이는 경제학적 은유다. 즉, 투자자는 자신이 다소 비싸게 사더라도 '더 큰 바보'가 나보다 더 높은 가격에 사 줄 것이라는 믿음으로 거래에 참여한다는 것이다.

4. 유동성 없는 위험 자산

부동산은 원래 팔기 어려운 자산이다. 매도에 수개월이 걸리고, 급매로 내놓으면 수천만 원에서 수억 원의 손실이 발생한다. 시장 심리가 얼어붙으면 거래는 멈추고, 자산은 '묶인다'.

즉, 부동산은 부동산의 본질적 특성으로 현금화가 어려운 자산, 다시 말해 유동성이 극도로 낮은 위험 자산이다. '언제든 팔 수 있다'는 안전자산의 조건을 충족하지 못한다.[30]

5. 금융 구조 리스크

2024년 현재 한국의 주택담보대출 잔액은 이미 1,000조 원을 넘어섰다. 문제는 단순한 규모가 아니다. 금리 상승기에는 이 거대한 부채가 곧바로 시장의 급소가 된다. 이자 부담이 커질수록 매수 여력은 줄고, 시장에는 매물이 쏟아진다.

---

30) 벤저민 그레이엄(Benjamin Graham, 1894~1976)은 '가치투자의 아버지'로 불리며, 워런 버핏의 스승으로도 잘 알려져 있다. 그의 저서 『Security Analysis』에서 투자는 "원금의 안전과 합리적 수익을 보장하는 것"으로 정의되었으며, 이 개념은 이후 투자의 3대 요소—수익성, 안전성, 환금성—으로 정립되었다. 전통적으로 부동산은 이 기준에서 '안전성'을 대표하는 자산으로 분류되었지만, 환금성이 낮다는 한계가 지적되어 왔다. 그러나 필자는 오늘날 부동산 시장은 금융화·디지털화·고령화·AI 사회로 인해 이 고전적 정의에서 벗어나고 있으며, 이제는 '안전적 자산'이라는 낡은 틀로 설명하기 어렵다고 주장하는 것이다.

한때 부채는 집값을 끌어올리는 레버리지의 사다리였다. 그러나 지금은 오히려 가격을 끌어내리는 추락의 무게가 되었다. 부동산은 안전자산이 아니라, 금융 리스크를 가장 먼저 흡수하는 불안정한 자산으로 변해 가고 있다.

앞에 언급했듯이, 이 구조는 낯설지 않다. 2008년 미국의 금융 위기를 촉발한 MBS(주택담보부증권) 역시 부채를 성장의 연료로 삼다가, 금리 인상과 함께 순식간에 독으로 바뀌었다. 당시 미국은 '레버리지 효과'라는 달콤한 약속을 붙들었지만, 결과는 레버리지 붕괴였다.

오늘의 한국 시장도 다르지 않다. 대출을 기반으로 쌓아 올린 주택 자산은 금리가 흔들리면 시장 전체를 흔드는 구조적 취약성을 안고 있다. '빚의 집'은 오를 수 있는 사다리가 아니라, 무너질 때 함께 추락하는 동아줄일 뿐이다.

6. 정책 리스크: 예측 불가능한 인질 상태

정부 정책은 부동산을 더욱 불안정하게 만든다. 공시지가 현실화, 종합부동산세 강화, 양도소득세 개편 같은 정책은 보유와 처분 모두를 리스크로 만든다. 특히 정책이 소급 적용되거나 예고 없이 변경되면, 보유자는 늘 불확실성의 인질이 된다.

이처럼 부동산은 '정책 리스크'라는 예측 불가능성을 내재한 자산이다. 국가는 세수 확보와 시장 안정이라는 명분으로 정책을 바꾸지만, 결과적으로는 시장의 불안을 확대한다.

7. 다섯 겹의 위험, 더 이상 안전하지 않다

지방의 미분양 아파트 분양가가 시세보다 높고, 신축 단지는 전세가보다 매매가가 두 배 이상 높다. 실수요와 동떨어진 가격이 시장을 지배하는 것이다.

실제 거주 목적이 아니라, 투자자와 금융기관의 이해관계가 얽혀 만들어진 구조물, 이것이 한국 부동산의 현재다. 거품은 언젠가 반드시 터진다.

결론은 명확하다.

부동산은 안전자산이 아니다. 안전은 과거의 기억일 뿐이다.

지금의 부동산은

· 수요 부재
· 거품 가격
· 유동성 부족
· 금융 부담

· 정책 리스크

다섯 겹의 위험에 둘러싸여 있다.

투자는 이성의 영역이다. 그러나 한국 사회는 여전히 과거의 기억, "부동산은 반드시 오른다"는 자기암시에 갇혀 있다.

그 기억에 투자하는 순간, 부동산은 자산이 아니라, 당신의 발목을 잡는 족쇄가 될 수 있다.

22장

아파트 공화국의 몰락

한국은 세계에서 유례없는 '아파트 공화국'이다.

도시 경관의 80%는 아파트 단지로 뒤덮여 있으며, 2023년 기준 전체 주택의 약 63%가 공동주택, 그중 대부분이 아파트다. 서울 강남 3구는 물론, 지방 중소도시까지 아파트 가격이 모든 자산 평가의 기준이 되었고, 심지어 정치적 성향과 교육의 질, 사회적 신분마저 아파트가 결정한다.

그러나 지금 이 '아파트 공화국'은 균열의 끝을 향하고 있다. 이것은 단순한 시장 조정이나 일시적 하락이 아니다.

국가가 주도하여 만들어 낸 유일 자산 구조가 흔들리고 있으며, 이는 곧 부동산 체계 전체의 몰락을 의미한다.

아파트는 단지 주거공간이 아니었다. 그것은 한국 사회에서 부와 계급, 교육과 안전, 지역 커뮤니티와 사회적 지위를 모두 담은 복합

자산이었다.

한 채의 아파트는 단순히 잠을 자는 공간이 아니라, 자녀의 대학 진학 가능성을 보장하는 학군, 교통 접근성, 상권 활성화, 그리고 사회적 계급의 상징을 함께 묶어 파는 패키지였다.

사람들은 집을 산 것이 아니라, '삶의 조건'을 구입한 것이었다.

이 구조는 단순한 우연이 아니라, 국가의 정책적 개입과 경제 성장 과정 속에서 만들어진 것이다.

박정희 정부 시기, 경제개발 및 산업화가 급속히 진행되면서 인구는 필연적으로 대도시에 집중되었다. 1970년대 강남 개발은 도시 팽창 과정에서 선택된 지역 개발이었으나, 결과적으로 아파트를 자산 증식의 수단으로 만드는 계기가 되었다.

1980~90년대에는 재건축과 재개발이 주택 공급의 표준이 되었고, LH·SH·지방 공사 등 공공기관이 대량 공급을 주도하면서 아파트는 '국민의 보편적 주거이자 유일한 투자처'로 자리 잡았다.

동시에 분양, 재건축, 재개발이라는 제도가 투기를 합법적이고 일상적인 행위로 만들면서, 아파트는 곧 '투기의 제도화'[31] 그 자체가 되었다.

하지만 이 구조는 자연스럽게 인구 증가와 경제 성장에 의존한 시

---

31) 학부 강의에서는 투자와 투기를 이론적으로 구분해 설명한다. 그러나 대학원(EMBA)에서는 실무 현실을 전제로, 두 개념을 엄격히 나누는 것은 사실상 불가능하다고 강조한다. 부동산의 경우 취득-보유-처분의 과정을 거치면 투자로 볼 수 있지만, 보유 단계를 생략한 채 단기 차익만을 노리는 행위는 투기로 규정한다. 결국 주체의 의도와 맥락에 따라 투자와 투기는 달리 해석될 수 있다.

대적 산물이었다. 출산율 0.72, 고령화율 20.3%라는 2025년의 현실에서 과거의 공식을 기대할 수 없다.

국토교통부 통계에 따르면, 2023년 전국 미분양 아파트는 여전히 수만 호에 달했다. 특히 준공 후에도 입주자를 찾지 못한 '준공 후 미분양'이 빠르게 늘어나며 시장의 뇌관으로 지목되고 있다.

2025년 기준으로는 이러한 준공 후 미분양의 80% 이상이 지방에 집중된 것으로 나타났다. 이는 단순히 재고 물량의 문제가 아니라, 수요 자체가 증발한 지역 주택 시장의 붕괴를 보여 주는 상징적 사례다.

무엇보다도 '악성 미분양'은 부동산 버블 붕괴의 전조로 해석하여도 무리가 아니다. 눈에 보이지 않는 금이 점점 넓어지다 결국 집 전체가 무너져 내리듯, 미분양의 확대는 한국 부동산 시장이 산업화·도시화라는 고도성장 시대의 방식으로는 버틸 수 없음을 경고하고 있다.

1. 지역 간 양극화

아파트 공화국의 몰락은 가장 먼저 지역 격차에서 드러난다.

서울 강남 3구와 일부 인기 지역은 여전히 높은 가격을 유지하지만, 경기 외곽과 지방 중소도시는 인구가 빠져나가면서 거래 자체가 실종되고 있다. 격차는 단순한 가격 차이가 아니라, 교육·일자리·문화의 격차로 이어지며, 사회적 분열을 심화시킨다.

2. 자산 가치의 붕괴

과거에는 '입주만 하면 시세 차익'이라는 믿음이 통했다.

그러나 이제는 분양가보다 낮은 실거래가가 속출하고 있다. 강원·충북·전북의 신축 아파트 상당수가 분양가 대비 수천만 원 낮게 거래되고 있으며, 전세가율은 떨어지고 매수세는 사라졌다.

아파트는 '기다리면 오른다'는 믿음 대신, '팔리지 않는 고비용 자산'이 되었다.

3. 정치적 부담 자산

아파트는 선거 때마다 정치의 중심으로 소환된다. 양도세·종부세·공시가 조정은 정권의 이해관계에 따라 뒤집히며, 1주택자와 다주택자, 강남과 비강남, 수도권과 지방 간 갈등을 증폭시킨다.

정책의 불안정성은 아파트의 불확실성을 키우고, 결국 보유자와 실수요자 모두를 불안의 장으로 끌어들인다.

아파트는 이제 국민 모두의 자산이 아니다. 일부 특권층만이 혜택을 유지하는 반면, 청년층은 아예 꿈을 접고, 노년층은 고정비 부담 속에 '자산 빈곤' 상태로 내몰린다.

아파트를 소유한 것이 부의 증거가 아니라, 오히려 빠져나올 수 없는 함정이 되는 시대가 다가오고 있다.

아파트 공화국의 몰락은 단순한 자산 가격의 하락이 아니다. 그것은 국가가 설계한 유일 자산 시스템이 붕괴하는 사건이며, 동시에 국민이 그 시스템에 대한 신뢰를 철회하는 과정이다.

도시 경관을 지배했던 아파트 숲은 시간이 지나면 공동화된 기념비로 남을 것이다. 그 숲은 더 이상 삶의 터전이 아니라, 한 세대의 집착과 착각이 남긴 거대한 폐허가 될 것이다.

23장

신도시의
허상

한국의 부동산 정책은 언제나 '공급'에 집착해 왔다.

집값이 오르면 정부는 늘 "집이 부족해서"라는 진단을 내놓았고,
정권이 바뀔 때마다 '신도시 개발'은 부동산 대책의 핵심 수단으로
재등장했다.

그러나 지금, 근본적인 질문을 던질 시점이다.

"정말 집이 부족한가?"

"이제라도 공급보다 수요를 봐야 하는 것은 아닌가?"[32]

---

32) 필자는 부동산 시장은 공급자 위주의 구조에서 수요자 중심의 구조로 전환되는 과정에
   있다고 보고 있다. 이 변화는 단순한 공급 물량 조정이 아니라, 금융 · 개발 · 투자 · 분
   양 · 중개 등 비즈니스 모델 전체가 수요자 맞춤형으로 재편되어야 함을 의미한다. 필자
   는 대학원(EMAB)에서 학생들과 다양한 비즈니스 모델을 제안하고 토론하였으며, 그
   사업성을 함께 검토해 왔다. 그러나 대한민국의 현실은 여전히 공급자 위주의 시장 논
   리에 갇혀 있으며, 구조적 전환에 뒤처져 있다.

1. 집은 이미 충분하다

통계청에 따르면 2023년 말 기준 전국 주택보급률은 105.6%다.

이는 가구 수보다 집이 더 많다는 뜻이다. 그러나 자가 보급률은 여전히 60% 언저리에서 오르락내리락하고 있다.

정부는 이 지점을 물고 늘어진다. "자가율이 낮으니 집이 더 필요하다."

그러나 이것은 명백한 통계 해석 오류다.

보급률 산정에는 다가구·다세대·오피스텔 등 다양한 형태의 주택이 포함되는데, 이는 단순한 물리적 총량을 의미할 뿐 실제 거주 선호나 소유 의향과는 괴리가 존재한다.

자가율이 낮은 이유는 단순히 집이 부족해서가 아니다. 집을 '갖고 싶지 않아서'인 경우가 늘어나고 있기 때문이다.

2. 소유를 거부하는 세대가 등장하였다

현대사회에는 자가 소유를 의도적으로 거부하는 계층이 뚜렷하게 존재한다. 젊은 세대일수록 그 경향은 더 강하다.

직업 이동성이 높아 집에 묶이기를 원치 않고, 금융 부담과 세금 리스크로 임대를 선호한다. 또한 유동성을 중시해 자산을 집보다 현금·주식·코인에 두려는 선택이 늘어나고 있다.

이 흐름의 상징이 바로 노마드 워커(Nomad worker)[33]다. 장소에 구애받지 않고 원격으로 일하며, 필요에 따라 도시를 옮겨 다니는 이들은 집을 소유하기보다 임대와 단기 거주를 통해 자유를 확보한다. 이들에게 주택은 '안정'이 아니라 '구속'이며, 소유는 삶의 기회를 제한하는 족쇄로 여겨진다.

국토교통부의 「2023년 주거실태조사」에 따르면, 40세 미만 가구주의 자가 보유율은 24.1%에 불과하다. 2021년 이후 20·30대의 주택 수요는 눈에 띄게 위축되고 있다. 통계청 주택소유통계를 인용한 언론 보도에 따르면, 30대 주택 소유자는 2021년 약 164만 7천 명에서 2022년 154만 1천 명으로 줄었고, 2023년에는 148만 명 수준까지 감소했다. 이는 단순한 숫자의 변동이 아니라, 청년층이 주택 시장에 적극적으로 진입하지 못하고 있음을 보여 준다.

불과 몇 년 사이에 나타난 이 하락은 단순한 통계가 아니라, 젊은 세대가 주택을 삶의 필수 자산으로 여기지 않는 흐름을 반영한다.

물론 소유의 욕망이 완전히 사라진 것은 아니다. 그러나 그 욕망은 현실의 장벽 앞에서 좌절되고, 결국 '소유 거부'라는 선택으로 귀착된다.

---

33) 노마드 워커(Nomad worker)는 디지털 기술과 원격근무 확산에 힘입어 등장한 새로운 노동 형태다. 특정 기업이나 지역에 얽매이지 않고, 전 세계를 옮겨 다니며 일하는 개인을 뜻한다. 안정된 주거보다 자유와 이동성을 최우선 가치로 두며, 주택 소유 대신 공유 공간·단기 임대·코리빙(Co-living) 등을 활용하는 경향이 뚜렷하다.

집은 누구나 당연히 가져야 할 자산이 아니라, 지나치게 무겁고 불안정한 짐이 되어 버렸다. 그래서 오늘날의 젊은 세대에게 소유란 동경이 아니라, 의도적으로 비껴가는 대상이 되고 있다.

3. 신도시는 왜 실패하는가?

정부는 자가율을 높이겠다는 명목으로 대규모 신도시를 쏟아 내고 있다. 1·2·3기를 넘어 이제는 4기 신도시까지 거론된다. 그러나 이는 공식 정책이 아니다.

정부는 최근 "4기 신도시는 없다"는 입장을 분명하게 하며, 대신 3기 신도시 공급 속도를 대폭 강화하겠다고 밝혔다. 그랬음에도 일부 전문가와 언론은 수도권 외곽이나 광역시 주변을 중심으로 4기 신도시 후보지를 언급하며 논의를 이어 가고 있다.

문제는 수요가 고갈된 시대에 공급만 늘리는 것이 구조적 오류라는 점이다. 인구는 줄어드는데, 여전히 '공급 확대'만을 해법으로 제시하는 것은 과거 성장기의 정책을 기계적으로 반복하는 것에 불과하다. 4기 신도시 논의가 상징하는 것은 단지 또 하나의 개발 계획이 아니라, 한국 주택정책이 여전히 수요·인구 구조의 변화에 적응하지 못하고 있다는 사실이다.

신도시는 '공급 수요'를 왜곡하는 장치로 작동하는 경우가 많다. 토지 보상으로 얻은 유동성이 주변 땅값을 자극하고, 투기 수요가 몰리며, 실수요자는 밀려난다. 결국 신도시는 거주지가 아니라 자산 전시장으로 오염된다.

4. 정착하지 못하는 도시

신도시의 인프라는 언제나 입주보다 늦게 따라온다. 학교·교통·상업시설 부족은 입주민의 불만과 일정 기간 후 이탈로 이어진다.

국토연구원 분석(2012~2018년)에 따르면, 충북 혁신도시의 가족 동반 이주율은 18.8%에 불과했다. 이는 물리적 주택이 있다고 해서 곧바로 정착이 보장되는 것은 아님을 보여 주는 명백한 증거다.

이처럼 신도시가 '살기 좋은 도시'가 되기 위해서는 정주 여건의 선제적 확보가 필수적이다. 단순한 공급 확대만으로는 불완전한 정착을 막을 수 없다.

5. 정치의 숫자 놀음

정부가 공급에 집착하는 이유는 간단하다. 성과가 눈에 보이기 때문이다.

토지 보상·건설 경기·일자리 창출 등 단기 지표는 정권의 업적으로 포장되기 쉽다. 그러나 그 결과는 10년 후 미분양 도시, 교통지옥, 저출산 고착화라는 부메랑으로 돌아온다.

이것이야말로 신도시의 허상이다.

결론적으로 지금 필요한 것은 '더 많은 집'이 아니다.

사람들이 사고 싶은 집, 살고 싶은 콘텐츠다.

집은 단순한 벽과 천장이 아니라, 삶의 방식과 연결되어야 한다. 그러나 신도시는 이 관점을 놓친 채, 무작정 쌓아 올려지는 콘크리트 군락에 불과하다.

공급이 아니라 수요, 집이 아니라 삶이 필요하다.

이 관점을 되찾지 못한다면, 신도시는 21세기의 새로운 폐허로 기록될 것이다.

24장

사라지는
수요자들

대한민국의 부동산 시장은 끊임없이 상승 곡선을 그려 왔다. 몇 년 전부터 인구는 줄어들고 있었지만, 주택 가격은 계속 치솟았다.

그때마다 정부와 자칭 타칭 부동산 전문가들은 하나의 익숙한 논리를 꺼냈다.

"가구 수는 계속 늘고 있다. 따라서 수요는 충분하다."

이 프레임은 부동산 가격 상승을 정당화하는 가장 강력한 도구였다. 그러나 2040년 이후 이 논리는 작동하지 않는다.

1. 가구 증가 신화의 종말

통계청에 따르면, 대한민국 전체 가구 수는 2040년 전후를 정점으로 감소세에 접어든다.

인구 감소보다 몇 년 늦게 나타나는 현상이지만, 이는 부동산 시장의 핵심 전제―"가구가 늘면 수요가 늘어난다"―라는 논리가 붕괴하는 시작점이다.

그간 가구 수 증가를 이끈 요인은 세 가지였다.

· 노년층 단독가구의 폭발적 증가
· 청년층 1인 가구의 확산
· 결혼 기피와 이혼 증가로 인한 가족 해체

그러나 이 변화에도 임계점이 있다.

고령 단독가구는 생존 연한이 끝나면 소멸한다. 청년 1인 가구도 일정 시점 이후 결혼, 동거, 해외 이주 등으로 줄어들 수밖에 없다.

결국 2040년 이후는 1인 가구조차 감소하는 시대로 진입한다.

즉, "최종 소비자" 자체가 사라지는 것이다.

2. '천 명당 주택 수' 논리의 함정

정부는 여전히 말한다. "한국은 인구 1,000명당 주택 수가 OECD 평균보다 낮다. 따라서 공급을 늘려야 한다."

하지만 이것도 통계의 함정이다.

넓은 국토에 단독주택이 흩어진 미국, 프랑스와, 초고밀 아파트 구조의 한국을 같은 잣대로 비교하는 것 자체가 왜곡이다.

'천 명당 주택 수'는 단순 물리적 수치일 뿐이다.

서울에는 빈방이, 지방에는 유령 아파트가 쌓여 있다. 이것은 실질을 외면한 통계 착시에 불과하며, 결국 공급 확대를 정당화하기 위해 만들어진 왜곡된 프레임이다.

3. 공급은 넘치는데, 수요자는 없다

2024년 기준 전국 미분양 주택은 7만 호를 돌파했다. 특히 지방의 준공 후 미분양은 3년 연속 증가세다.

공급은 차고 넘치는데, 사겠다는 사람은 없다.

부동산은 결국 사는 사람이 있어야 가치가 성립하는 자산이다. 그러나 지금 시장은 집을 짓는 자는 있어도, 들어올 사람은 사라지고 있다.

4. 고령화가 만드는 '매도자 사회'

수요 절벽은 고령화로 더욱 가속된다. 고령층의 대부분 부동산에 집중되어 있지만, 현금화 수단은 제한적이다.

그러나 주택연금 가입률은 여전히 낮아, 고령층이 자산을 유동화할 수 있는 제도적 장치는 충분히 작동하지 않고 있다.

노인실태조사에서는 84%의 노인이 '가능하다면 현재의 집에서 계속 거주하고 싶다'고 응답했다. 이는 집이 단순한 자산이 아니라 심리적 안식처임을 보여 준다.

그러나 동시에, 상속을 통한 이전보다는 필요할 때 매각하여 현금화하려는 수요가 늘어날 수밖에 없다는 점도 분명하다.

고령화가 되어 갈수록 주택은 노후 생활비 마련을 위한 '최후의 매도 자산'이 된다.

따라서 앞으로의 시장은 사는 사람보다 파는 사람이 더 많은, 전형적인 '매도자 사회'로 변해갈 가능성이 있다. 이는 단순한 인구 감소 문제가 아니라, 구조적으로 고령층이 만들어 내는 매도 압력이라는 점에서 더욱 심각하다.

5. 청년의 선택: 소유의 거부

청년층은 과거처럼 무조건 내 집을 가져야 한다는 인식보다는, 주거의 질과 삶의 유연성이 더 중요한 기준으로 자리 잡고 있다.

대한상공회의소 조사(2024)에 따르면, 20·30세대는 정주 여건이 수도권 수준이거나, 연봉이 높다면 비수도권이라도 거주할 의향이 있다고 응답했다. 이는 집의 물리적 '소유'보다는, 어디서 어떻게 살 것인가의 선택이 더 우선한다는 사실을 보여 준다.

또한 서울의 무주택가구 비율은 2023년 기준 51.7%로 절반을 넘어섰다. 이는 단순히 집을 못 사서 생긴 결과만이 아니라, 청년층을 중심으로 자가 신화가 흔들리고 있다는 징후이기도 하다.

주택 소유는 삶의 필수조건이 아니라, 상황과 가치관에 따라 선택적으로 접근하는 대상으로 변해 가고 있다.

이유는 분명하다.

· 고용 불안
· 대출과 금리 부담
· 삶의 유연성 추구

이제는 "왜 집을 안 사느냐"가 아니라, "왜 집을 사야 하느냐"가 더 자연스러운 질문이 되었다.

6. 구매 능력 자체가 소멸한다

통계청은 2045년이면 생산가능인구(15~64세) 비율이 50% 수준으로 떨어진다고 전망한다.

이 말은 단순히 인구가 줄어드는 것이 아니라, 집을 살 능력과 의지를 가진 인구가 절반 이하로 사라진다는 뜻이다. 그 시간이 우리 앞에 오고 있다는 것이다.

결론적으로 지금까지 부동산 시장은 "집이 부족하다"는 구호 아래 신도시를 짓고, 택지를 개발하며, 세제 혜택을 쏟아부었다.

그러나 이제 질문은 완전히 달라져야 한다.

· 그 집을 누가 살 것인가?
· 그 집에 누가 살고 싶은가?
· 그 지역에 누가 남아 있을 것인가?

부동산의 미래는 이제는 공급량으로 측정되지 않는다. '최종 소비자의 존재 여부'가 유일한 기준이다.

사라지는 수요자들, 사라지는 최종 소비자들, 그들이 없으면 부동산은 자산도, 재화도, 가치도 아니다. 그저 텅 빈 콘크리트, 아무도 살지 않는 구조물일 뿐이다.

25장

믿음으로 떠받친
자산의 실체

한국 부동산 시장은 앞으로 수요와 공급이라는 경제학의 기본 원칙으로 설명되지 않을 것이다.

인구는 줄고, 가구 수도 줄어들고, 금리는 오르고, 청년층은 집을 사지 않겠다고 선언한다.

그런데도 이상하게도, 사람들은 여전히 말한다.

"서울은 달라, 집값은 결국 오른다."

그러나 이 말은 이제 위안이 아니라 자기최면이다. 믿음이 버블을 만들고, 그 버블은 결국 믿는 사람부터 집어삼킨다.

이 문장은 지금의 부동산 시장이 합리적 판단의 영역을 넘어, 신앙적 믿음의 영역에 진입했음을 보여 준다.

서울 강남권의 일부 재건축 단지는 실거래가가 2022년 고점 대비 20% 이상 하락했지만, 사람들은 여전히 "이건 조정일 뿐, 장기적으로는 반드시 다시 오른다"고 확신한다.

고금리로 인한 월 이자 300만 원의 대출 상환 부담 속에서도, 고분 양가 민간아파트 청약 경쟁률은 여전히 수십 대 일을 기록한다.

이 같은 현상을 경제학자들은 비이성적 과열[34](Irrational Exuberance) 혹은 심리적 버블이라 부른다. 실물 가치가 아닌, "오를 것이다"라는 믿음 자체가 자산 가격을 떠받치는 시장 상태다.

1. '믿음의 생태계'를 만드는 주체들

이 믿음은 개인이 스스로 만들어 낸 것이 아니다. 정부, 건설사, 금 융기관, 언론이 함께 공조하면서 만들어 낸 집단적 환상이다.

정부는 주기적으로 "주택 가격이 안정세에 접어들었다"고 발표하 면서도, 뒤로는 규제지역 해제, 다주택자 세금 완화 같은 조치를 통 해 기대심리에 충격을 준다. 이는 실질적 유동성 공급이 아니라, 심 리적 유동성 공급이다. 정책 발표만으로도 시장은 움직인다.

건설사와 시행사도 구조적 수요 감소를 잘 알고 있다. 그럼에도 끊 임없이 "공급 부족" 프레임을 강조한다. 이는 생존을 위한 방어 논리

---

34) "비이성적 과열(Irrational Exuberance)"이라는 표현은 1996년 12월, 미국 연방준비제도 이사회 의장이던 앨런 그린스펀(Alan Greenspan)이 연설에서 처음 사용했다. 이를 학 문적으로 체계화하고, 자산시장의 심리적 버블 분석으로 발전시킨 인물은 로버트 쉴러 (Robert J. Shiller)다. 그는 『Irrational Exuberance』(2000)에서 주식 · 부동산 시장의 심 리 왜곡을 본격적으로 설명했고, 노벨경제학상을 수상하며 이론적 권위를 확립했다.

일 뿐이다. 공급을 늘려야 업계가 유지되기 때문이다.

하지만 그들도 안다. 시장 심리가 꺼지는 순간, 가격은 한순간에 붕괴할 수 있다는 것이다.

언론 역시 이러한 구조에 가담한다. 실거래가 평균은 하락하는데도, "급매 소진 중", "재건축 단지 꿈틀", "하락 멈춘 듯" 같은 제목을 내건다. 국지적 반등을 전체 시장 회복으로 포장하는 것이다. 대중의 심리를 자극하는 '시장 부양 기사'는 신문 경제면의 단골 메뉴가 되었다.

금융기관은 더 노골적이다.

은행의 주택담보대출은 최대 수익원 중 하나이므로, 담보가치가 유지되어야 한다. 따라서 부동산 가격 하락은 곧 은행 건전성 악화로 이어진다. 이 때문에 은행은 공식적으로는 하락을 인정하지 않고, "일시적 조정"이라는 표현으로 충격을 희석한다.

이처럼 한국의 부동산 시장은 정부의 조율, 건설사의 논리, 언론의 조작, 금융의 이해관계가 얽혀 형성된 '믿음의 생태계' 위에 서 있다.

그들은 시장을 살린 것이 아니라, 국민을 마취시킨 것이다. 우리는 주택을 산 것이 아니라, '거짓된 안심'을 할부로 산 셈이다.

2. 믿음이 무너지는 조건들

문제는 이 믿음이 지속될 수 없다는 점이다. 믿음을 떠받치던 전제들이 하나씩 무너지고 있기 때문이다.

즉, 수요가 줄어드는 상황에서 가격이 유지되는 것은 시장이 정상적으로 작동하지 않는다는 증거다.

지금의 가격은 실물이 아니라 집단 심리라는 가설 위에 세워진 허상에 불과하다.

3. 심리는 한순간에 붕괴한다

역사는 말한다.

시장은 서서히 흔들리다가도 무너질 때는 한순간이었다.

일본의 버블, 미국의 서브프라임, 중국의 유령도시들의 사례에서 이를 살펴볼 수 있다.

제대로 된 시장은 연착륙을 원한다. 그러나 연착륙은 심리가 통제 가능할 때만 가능하다.[35]

---

35) 필자는 박근혜 정부(2013~2017)는 취득세·보유세·양도세 완화, 민간임대주택 뉴스테이 제도 도입, 전월세 시장 정상화 등으로 급격한 가격 하락을 막고 거래 절벽을 완화하려는 '연착륙' 정책을 추진한 정권으로 해석하고 있다. 이는 국내 저성장 국면과 글로벌 저금리 기조가 맞물리면서 단기적으로 집값을 방어하고 시장을 안정시키는 효과를 가져왔다. 그러나 당시 야당(문재인)은 이를 "빚내서 집 사라"는 정책이라 비판하였다. 정권 교체 이후 문재인 정부(2017~2021)는 26차례의 부동산 대책을 내놓았으나, 서울 아파트 중위 매매가격은 약 120% 상승하며 두 배 이상 폭등하였다. 필자는 그 실패의 근본 원인을 "시장 심리를 통제할 수 있다"는 자신감에서 찾는다. 규제 강화와 정책 메시지를 통해 기대심리를 억제하면 가격을 잡을 수 있다고 믿었으나, 결과적으로 공급 불안과 유동성 확대가 맞물리면서 오히려 시장의 불신과 패닉바잉을 자극하였다.

지금처럼 정부에 대한 신뢰가 낮고, 사회적 불안이 높은 상황에서 심리를 통제할 수 있다고 믿는 것은 지나치게 낙관적이다.

결국, 지금 시장은 "누가 더 오래 믿느냐"의 게임이 되어버렸다.

하지만 부동산은 종교가 아니다.

부동산은 믿음으로 유지되지 않는다. 믿음이 끊어지는 순간, 집은 '내 자산'에서 '내 발목에 묶인 족쇄'로 돌변한다.

실물이 뒷받침되지 않으면, 믿음은 허공에 흩어지고, 가격은 그 순간에 붕괴한다.

26장

부동산 언론,
광고인가 보도인가?

"집값은 절대 안 떨어집니다."

"지금 아니면 늦습니다."

"올해가 마지막 기회입니다."

이 문장들은 신문 경제면의 헤드라인일까, 아니면 건설사의 광고 문구일까?

독자는 종종 그 경계를 분간하지 못한 채, 기사인 줄 알고 읽는다. 그러나 그것은 실제로는 뉴스의 얼굴을 한 광고일 가능성이 있다.

언론이 전하는 문장이 사실이 아니라 '투자 심리를 자극하는 카피'로 위장되었음을 보여 주는 장면이다.

사실의 보고가 아니라 일종의 주문, 집단을 최면에 빠뜨리는 마법이다.

1. 광고와 보도의 경계가 무너진 시장

대한민국의 부동산 언론은 이미 오래전부터 보도와 광고의 경계를 흐려 왔다. 종합일간지와 경제지의 보도기사 중 상당수는 '건설사 협찬 기사'라는 이름의 포장을 두르고 있다.

특정 아파트 분양 시기마다 "○○신도시 황금라인 탄생" "역세권 마지막 기회" 같은 기사가 등장한다. 불과 며칠 뒤 같은 지면에는 동일한 아파트의 전면 광고가 실린다. 기사와 광고는 다른 형식을 띠지만, 내용은 한 몸처럼 맞물린다.

이는 우연이 아니다. 건설사는 보도자료를 배포하고, 언론은 이를 거의 그대로 옮겨 적는다. 인터뷰 기사마저 사실상 건설사 임직원의 목소리를 편집 없이 싣는다. 독자는 중립적 기사라 믿지만, 실제로는 건설사 홍보팀이 기획한 문구다.

언론은 사실관계를 글로 쓰는 것이 아니라, 광고주가 건네준 원고를 옮겨 적거나, 스토리를 만들어 쓰는 것이다.

2. 언론의 선동 언어 — 상승기와 하락기의 이중 화법

부동산 시장이 상승할 때, 언론의 헤드라인은 언제나 자극적이다.

- "패닉바잉"
- "영끌 전성시대"
- "전국 집값 불패 신화"

이러한 단어들은 단순한 묘사가 아니라, 군중을 몰아세우는 선동의 언어다.

반대로 시장이 하락기에 들어서면 어떤 일이 벌어지는가. 상승기에는 하루 단위로 보도되던 '신고가 갱신' 기사가 사라지고, 대신 "하락 멈춘 듯" "저가 매물 소진"이라는 두리뭉실한 문장이 지면을 채운다.

실제로는 거래가 급감하고, 매물은 쌓이고, 가격은 내려가는데, 언론은 침묵하거나 하락을 부드럽게 표현한다.

오를 땐 확성기, 내릴 땐 침묵, 언론의 목소리는 언제나 시장의 강자 쪽에 맞춰져 있다.

3. 전문가와 언론, 그리고 이해관계의 공생

언론의 신뢰를 보강하는 장치로 자주 활용되는 것이 바로 '전문가 인터뷰'다.

모 경제 전문지에 매월 칼럼을 기고하는 B 씨는 "○○구는 저평가 지역, 향후 가치 상승 확실"이라는 주장을 반복했다. 그런데 조사 결과, 그 지역에는 B 씨 본인 명의와 가족 명의의 아파트가 여러 채 존재했다. 독자는 이를 '객관적 전문가의 분석'으로 받아들이지만, 실상은 이해관계자의 자기 홍보일 뿐이다.

지역 커뮤니티에서도 노골적으로 기자들을 섭외한다. 수도권의 신도시 지역 커뮤니티 카페에는 "기자님, 동네 기사 좀 써 주세요"라는 글이 자주 올라오고, 며칠 뒤 그 기자의 이름으로 '특정 단지, 투자자 몰린다'는 기사가 등장한다.

기자와 업자, 건설사와 언론사는 이미 돈이라는 이해관계의 사슬로 얽혀 있으며, 정보 생산과 유통이 동시에 이뤄지는 '광고-보도의 혼합 구조'가 제도처럼 작동한다.

4. 정보의 왜곡과 신뢰의 붕괴

시장은 기본적으로 신뢰 위에 선다.

그러나 한국의 부동산 시장에서 정보는 '전달'이 아니라 '유도'가 된다.

통계자료를 선택적으로 사용한다. 어떤 날은 국토부 실거래가를 기준으로 상승을 말하고, 다른 날은 KB시세를 근거로 하락을 설명한다. 중위가격을 쓸 때와 평균 가격을 쓸 때의 차이는 크지만, 독자에게는 단순히 "오른다, 내린다"의 신호로만 읽힌다. 기준을 바꾸면 상승도, 하락도 연출할 수 있다.

여기에 언론은 "시장 심리"라는 모호한 단어를 덧씌운다. 실거래 가가 줄어드는 것을 "매수세가 살아날 반등 신호다"라고 포장한다. 숫자가 냉정한 사실이 아니라, 감정을 자극하는 무기로 활용되는 것이다.

5. 언론이 무너질 때, 시장도 무너진다

언론은 원래 권력과 자본을 감시하는 견제자 역할을 하여야 한다. 그러나 지금의 부동산 언론은 시장의 심리를 부추기며, 광고와 보도를 섞어내는 '혼합 오염(Hybrid Contamination)'의 중심에 서 있다.[36]

이것은 단순한 언론의 일탈이 아니다. 시장 자체의 기반을 허무는 자해 행위다.

정확한 정보가 사라진 시장은 투명성을 잃고, 투명성을 잃은 시장

---

36) 언론조작은 예외적 사건이 아니라, 매체 권력과 정보 비대칭이 존재하는 한 불가피하게 발생하는 구조적 현상이다. 의제 설정, 프레이밍, 허위정보 유통 등을 통해 특정 세력이 여론을 유리하게 형성하려는 시도는 역사적으로 반복되어 왔다. 현대의 디지털 미디어 시대에는 오히려 그 빈도와 정교함이 확대되고 있다. 이는 조지 오웰의 『1984』에서 묘사된 '빅브라더'적 통제와도 유사하다. 오웰이 경고한 감시와 공포의 장치는 오늘날 정보 과잉 속에서 의제 선별과 프레임 조작, 허위정보 확산으로 전환되었다. 과거의 빅브라더가 물리적 감시를 통해 개인을 지배했다면, 오늘날의 빅브라더는 보이지 않는 정보 권력을 통해 대중의 판단 능력을 잠식한다. 결국 현대사회에서 빅브라더는 허구적 상징이 아니라, 디지털 미디어 구조 속에서 실질적으로 작동하는 권력의 은유라 할 수 있다.

은 가격의 신뢰를 잃는다. 신뢰가 사라지는 순간, 시장은 유지되지 않는다.

언론은 정보를 팔지 않는다. 보고 싶은 것을 보고자 하는 사람들에게 기대를 판다.

희망을 보도하는 척하며, 공포를 조작하고, 기획 의도를 숨기고, 광고 문구를 기사처럼 포장한다. 언론이 무너질 때, 대한민국 부동산 시장도 무너진다.

붕괴는 숫자에서 시작되지 않는다. 붕괴는 신뢰가 끊어지는 순간 이미 시작된 것이다.

27장
부동산 전문가의
두 얼굴

한국의 부동산 시장에서 '전문가'라는 말은 일종의 면죄부처럼 사용된다.

방송에서 "○○지역은 향후 상승 가능성이 높습니다", "이제 매수 타이밍이 왔습니다"라고 말하는 순간, 그 발언은 '예언'으로 포장되고, 많은 사람의 행동을 유도하는 '신호'로 작용한다.

사람들은 경제학자, 교수, 칼럼니스트, 유튜버에게 판단을 위임한다. 그러나 과연 그들은 '분석자'인가, 아니면 '사기꾼'인가?

1. 분석인가, 이해관계인가

2020년 이후 수많은 경제방송에는 반복적으로 등장하는 전문가들이 있었다. 그들의 입에서 나온 말은 조언이 아니라, 자기 지갑을 채우기 위한 주문이다.

A 씨는 방송에서 수도권 B 지역의 쇼핑몰을 "저평가된 블루칩"이라고 강조했다. 이어 무료 투자 세미나를 홍보하며, 자신을 찾아온 많은 투자자에게 계약을 유도하였다. 그러나 이미 그는 시행사와 합의를 마친 상태였다. 본인을 통해 계약이 체결되면 분양 수수료 전액이 그의 몫이 되도록 짜 놓은 것이다.

겉으로는 전문 투자자의 날카로운 분석처럼 보이지만, 실제로는 자신의 수익을 극대화하기 위한 영업 행위에 불과했다. 이런 구조는 부동산 시장에서 비일비재하게 반복되지만, 대다수 국민은 알지 못한다. 그저 "전문가가 방송에서 말했으니 사실일 것"이라 믿을 뿐이다.

그들의 입에서 나온 말은 조언이 아니라, 자기 지갑을 채우기 위한 주문이었다.

이와 유사한 사례는 무수히 많다. 특히 유튜브나 블로그를 중심으로 '전문가' 행세를 하는 상당수는 사실상 분석자 코스프레를 한 투자 사기꾼이자 시장 조작자에 가깝다.

영상의 제목은 자극적이다.

· "지금 사지 않으면 평생 못 산다."
· "폭등 전 마지막 기회."

· "강남이 무너진다, 이제는 ○○구다."

이들은 감정을 자극하고 공포를 조장한다. 특정 지역을 언급한 뒤, 몇 주 후 "저도 들어갔습니다"라는 영상을 올린다.

결국 구조는 단순하다. 떠드는 자가 시장을 흔들고, 이익은 그 뒤에서 조용히 설계한 자의 몫이 된다.

2. 권위와 시장 왜곡

문제는 이런 발언이 단순한 개인 의견을 넘어 시장 전체를 움직인다는 점이다.

언론과 포털이 이들의 발언을 기사로 옮기면서, 한 사람의 주장이 순식간에 수십만 명에게 복제된다. 전문가의 말은 신호가 되고, 그 신호는 가격을 흔든다.

더 큰 문제는 이들의 배경이다.

이런 전문가들이 컨설팅 회사, 투자 법인, 중개 법인, 시행사 등과 직간접적 연결고리를 갖고 있다.

B 씨는 유명 경제 프로그램의 고정 패널이지만, 동시에 시행업체 대표다. 그가 추천한 지역은 알고 보니 본인의 프로젝트가 진행되는 곳이었다.

"객관성의 가면을 쓴 순간, 시장은 이미 조작당하고 있었다."

부동산 시장은 언제나 정보와 심리에 크게 좌우된다. 여러 조사에서 드러나듯, 부동산 전문가의 발언은 여전히 시장 참여자들에게 강한 영향을 미친다.

특히 가격 전망이나 정책 해석은 개인의 매매 결정 과정에서 중요한 참고 자료로 받아들여진다. 즉, 전문가의 언어는 단순한 분석을 넘어 실제 수요와 거래 심리에 직결되는 힘을 가지고 있다.

더구나 이러한 발언은 언론을 통해 빠르게 증폭되고, 때로는 시장의 불안과 기대를 키운다. 전문가가 던진 한 문장이 기사 제목으로 재생산되면, 그것은 단순한 의견이 아니라 시장 전체의 방향성을 암시하는 신호로 받아들여진다.

결국 전문가 발언은 정보 전달을 넘어, 자체가 시장 변동성을 만들어 내는 변수로 기능하게 된다.

즉, 국민 대부분이 전문가를 믿고 투자 결정을 내린다는 의미다. 그러나 그 '전문성'은 순수한 분석이 아니라, 이해관계가 덧칠된 언어일 수 있다.

3. 책임 없는 예언가들

더 심각한 것은 '책임 부재'다.

부동산 전문가라는 A 씨, B 씨, C 씨는 부동산 간련 뉴스에 자주 등장하는 사람들이다 2022년 금리 인상 국면에서 "조정은 일시적"이라 장담했다. 그러나 그해 수도권 아파트 매매가는 평균 15% 하락했고, 청약 미달률은 2008년 금융 위기 이후 최고치를 기록했다. 그들의 예측은 완전히 틀렸다.

하지만 누구도 책임지지 않았다. 그저 또 다른 분석을 내놓고, "이제 바닥"이라는 말만 반복했다.

"틀려도 책임지지 않는 사람들이, 언제나 가장 큰 소리를 낸다."

부동산 전문가들의 발언은 단순한 분석이 아니다. 그것은 누군가에게 매수 타이밍이 되는 것이고, 또 다른 누군가에게는 출구 전략이다.

정보의 비대칭성은 시장의 본질적 리스크인데, '전문가'라는 권위가 붙는 순간 시장 분석이라는 말로 은폐된다.

4. 착시와 그 대가

독자들은 그들의 말을 듣고, 본인에게 되묻지 않는다.

"전문가가 말했으니 괜찮다."

그러나 시장은 그런 착시를 용서하지 않는다.

시장 가격은 냉혹하게 반응하고, 잘못된 믿음은 곧 손실로 돌아온다.

판단을 타인에게 맡기는 순간, 손실은 오롯이 자신의 몫이 된다.

그렇다면 질문은 단순하다.

이들은 진짜 전문가인가, 아니면 이해당사자인가?

만약 후자라면, 우리가 보고 있는 것은 '정보'가 아니라 '전략'이다.

5. 전문가의 두 얼굴, 무너지는 시장

한국 부동산 시장이 구조적으로 붕괴되는 또 하나의 이유는, '누가 말하느냐'보다 '왜 그렇게 말하느냐'를 묻지 않는 사회적 분위기 때문이다.

우리가 믿어 온 것은, 지식이 아니라 욕망이었다. 전문가의 두 얼굴은 결국 하나의 진실을 드러낸다. 그들의 언어는 분석이 아니라 이해관계의 포장이며, 예측은 공공재가 아니라 사적 전략이다. 우리는 그 얼굴을 제대로 직시하지 못한 채 여전히 '권위 있는 목소리'라 믿는다.

그러나 신뢰가 무너진 권위는 길잡이가 될 수 없다. 오히려 그것은 시장을 무너뜨리는 가장 은밀한 파괴자로 작동한다.

28장

AI는
집이 필요하지 않다

도시는 왜 존재하는가, 그리고 앞으로도 존재해야 하는가?

2025년을 살아가는 우리에게, 인공지능은 미래의 개념이 아니다. 그것은 현실이며, 이미 사람들의 일터를 대체하기 시작했다.

사람들이 도시로 몰려든 이유는 단순했다. 일자리 때문이다. 도시는 경제 활동의 중심이었고, 사람들은 직장을 중심으로 삶을 배치해 왔다.

그렇다면, 이제 질문을 다시 던져야 한다.

"일이 사라진 세상에서, 우리는 왜 도시에 살아야 하는가?"

이 물음은 단지 주거의 재배치 문제가 아니다. 도시 존재 자체에 대한 근본적 의문이다. 팬데믹은 이를 가장 강력하게 시험했다.

2020~2022년, 코로나19로 인해 세계는 강제적 재택근무 시대로 진입했고, 놀랍게도 수많은 기업이 업무 효율이 유지되거나 오히려

상승했다는 사실을 확인했다.

이에 따라 글로벌 기술기업들은 '오피스 없는 회사'를 선언하기 시작했다. 구글, 메타, 아마존이 하이브리드 근무를 제도화했고, GitLab[37], Zapier[38] 같은 기업은 전면 원격근무로 이미 전환했다.

한국도 예외가 아니었다. 서울의 주요 기업들조차 내부적으로는 "굳이 출근할 이유가 없다"는 합의에 도달했다.

사무실은 빠르게 비워졌고, 공유 오피스는 유휴 공간으로 남았으며, 도심 고층 빌딩의 공실률은 사상 최고치를 기록했다.

변화는 단순한 업무 대체가 아니다. 생산, 유통, 금융, 제조, 법률, 의료까지, 모든 산업에서 인간은 이제는 필수가 아니다. 드론 배달, AI 콜센터, 자동화 회계, 로봇 간호, AI 작문, 이제 '일'이라는 개념 자체가 사라지고 있다.

이 변화는 주거 구조에 극단적인 영향을 준다. 도시 거주의 본질은 일과 소비였다.

그런데, 일이 필요 없다면? 도시 접근성은 프리미엄이 아니다. 소비가 온라인으로 전환된다면, 상업 중심지는 죽는다. 교육·진료·업

---

37) GitLab은 오픈소스 기반 DevOps 플랫폼을 제공하는 소프트웨어 기업이다. Git을 기반으로 버전 관리, 버그 추적, 이슈 관리, 위키, CI/CD 등을 통합한 도구를 개발한다. 2011년 출범 이후 처음부터 전면 원격근무를 채택해 왔으며, 이후에도 본사는 남기지 않는 조직 방식으로 유지하고 있다. 현재 60개국 이상에 걸쳐 약 1,300~2,100명 규모의 직원이 분산 근무 중이며, 이는 전 세계 최대 규모의 'all-remote' 회사 중 하나로 꼽힌다.

38) 웹 기반 애플리케이션 간 자동화 워크플로우를 연결하는 SaaS 플랫폼이다. 2012년 공식 설립 당시부터 완전 전면 원격근무 체제를 운영해 왔다. 현재는 전 세계 약 700명 규모의 직원이 분산 근무 중이다.

무가 온라인화된다면, 도심 인프라의 매력도 급감한다.

이 모든 질문은 결국 하나로 귀결된다.

"우리는 왜 도시에 살아야 하는가?"

AI 시대가 오면서 주거 철학이 어떻게 바뀌어 갈 것인지 살펴볼 필요가 있다.

1. 집의 존재론적 전환이 일어나고 있다

과거 집은 노동사회의 휴식처였고, 소비사회의 계급 상징이었다. 그러나 AI 사회에서 집은 정체성을 담는 그릇이 아니라, 단지 네트워크에 연결된 거점이 될 수 있다.

과거 집은 우리의 삶과 정체성을 비추는 거울이었다. 그러나 이제 집은 거울이 아니라, 기계와 신호가 오가는 단순한 접속공간으로 변할 가능성이 있다.

집이 무대가 아니게 된다면, 인간은 어디에서 자신을 연출할 것인가. 이 질문은 곧 다가올 사회에 대한 궁금증이다.

2. 호모 미그란스의 등장

인류 초기, 인간은 본래 유목의 존재였다. 정착은 농업과 노동이 강제한 문명의 산물이었다. 그러나 AI가 노동을 제거하는 순간, 인간은 다시 움직이는 본능으로 회귀한다.

디지털 노마드는 더 이상 특수한 집단이 아니다. 그것은 예외가 아니라 곧 표준이 된다. 정착은 문명의 산물이었을 뿐, 이동은 인간의 본능이었다. AI는 우리를 다시 길 위로 내몰며, 새로운 인간형을 탄생시킨다.

이 새로운 인간을 필자는 호모 미그란스(Homo Migrans)라는 이름으로 정의하였다.

Migrans는 라틴어 'migrare(이동하다, 옮기다)'에서 파생된 현재 분사형으로, '이동하는 존재'를 뜻한다. 이는 요한 하위징아(Johan Huizinga)가 『호모 루덴스』(1938)에서 제시한 '놀이하는 인간' 개념을 넘어서는 확장된 의미로 해석하였다. 하위징아가 놀이를 문화와 문명의 기원적 활동으로 보았다면, 호모 미그란스는 AI 시대에 노동에서 해방된 이후, 삶의 재미(육체적, 심리적)를 추구하면서 이동을 본능으로 삼는 인간을 지칭한다.

호모 루덴스가 과거 인간 문명을 설명했다면, 호모 미그란스는 미래 인간의 삶을 정의한다. AI 시대에 등장하는 새로운 인류의 이름이다.

3. '어디'에서 '어떻게'로의 질문 변화가 일어난다

초고령화 사회에서 중요한 것은 "어디에 사는가"가 아니라 "어떻게 존재하는가"다. 소유가 아니라 순간적 사용, 정착이 아니라 연결이다. 아파트·신도시·재개발은 AI 사회에서는 모두 무용지물이 될 수 있다.

집은 이제 땅 위의 건물이 아니라, 네트워크 속의 한 점(點)일 뿐이다.

하지만 한국의 부동산 정책은 여전히 1990년대 산업화 시대의 논리 위에 서 있다.

고속철도 역세권, 첨단 산단 배후단지, 대기업 본사 유치에 집중한다. 모든 계획은 "사람이 일하러 몰려든다"는 전제를 깔고 있다. 그러나 그 전제가 무너지는 순간, 모든 계획은 허상이며, 모든 투자는 실패로 귀결된다.

필자는 독자에게 마지막으로 묻는다.

당신은 왜 도시에 사는가?

· 일하러?
· 소비하러?
· 아이 교육을 위해?

그 모든 이유가 사라진다면, 여전히 이 도시에 머물 이유가 있는가?[39]

AI 시대의 집은 자산이 아니다. 그곳은 인간을 묶어 두는 사슬이 아니라, 언제든 떠날 수 있는 임시적 거처다.

이것이야말로 진짜 위기다.

수요가 구조적으로 해체된 시장에서, 공급 논리만 남아 있는 순간—붕괴는 이미 시작된 것이다.

---

39) 세 가지 이유가 사라진 필자는 2017년 서울을 떠나 제주에서 살았고, 2025년에는 경주로 이주하였다. 이는 단순한 거주의 이동이 아니라, 은퇴 사회와 초고령화 사회를 미리 살아 보며 다가올 변화를 몸으로 관찰하는 경험이다. 그 과정에서 필자는 스스로를 호모 미그란스(Homo migrans)라 규정하며, 삶의 재미를 좇아 이동을 본능으로 삼는 인간형을 직접 실험하고 있다.

29장

기본소득 시대,
집의 몰락

"부동산은 당신을 구원하지 않는다. 기본소득은 자산 신화를 끝낸다."

대한민국 사회에서 '집'은 단순한 주거 공간을 넘어 '희망'이자 '목표'였다. 부모 세대는 말한다.

"아무리 힘들어도 내 집 하나는 있어야 한다."

그러나 이 믿음은 구조적으로 해체되고 있다. 가장 강력한 변수 중 하나는, 아직 전면 시행되지는 않았지만 거대한 흐름으로 다가오는 '기본소득'이다.

1. 기본소득은 왜 반드시 오는가?

기본소득은 급진적 이론이 아니다. 그것은 산업구조 변화에 따른 불가피한 선택이다. 4차 산업혁명과 AI, 자동화 기술은 이미 수많은 일자리를 대체하고 있다.

AI로 인한 노동력 감소는 구체적인 현실로 다가오고 있다. 예컨대 PwC[40]는 2030년대 중반까지 최대 30%의 일자리가 자동화될 수 있다고 전망하며, 미국 전체 노동시장에서는 30%의 일자리가 자동화되고, 60%는 업무 내용이 AI로 상당 부분 변화될 수 있다는 분석도 있다.

또한 WEF[41]는 기업의 40%가 AI 자동화로 인력을 줄일 계획이며, 9백만 개의 일자리 감소와 1,100만 개의 새로운 일자리 창출 전망을 발표했다.

OpenAI 기반 분석에서는 미국 노동의 80%가 일정 수준 AI 영향을 받을 것이며, 19%는 업무의 절반 이상이 AI로 대체될 수 있다는 수치도 있다.

AI는 빠르게 활용되고 있으며, McKinsey 조사에서는 47%의 직원이 하루 업무의 30% 이상을 이미 AI가 수행할 것이라고 보고 있다.

노동을 기반으로 설계된 복지 시스템은 이 변화를 감당하지 못한다. 고용 없는 성장, 비정규직 확대, 소득 양극화는 결국 '노동 기반 분배 시스템의 붕괴'를 의미한다. 그러나 이러한 균열은 단순한 파괴가 아니라, 인간이 노동에 묶이지 않고 새로운 분배 원리와 삶의 방

---

40) 세계 4대 회계·컨설팅 법인 중 하나로, 전 세계 150여 개국에서 활동하며 경제·산업·노동시장 전망 보고서를 정기적으로 발간한다.

41) WEF(World Economic Forum; 세계경제포럼): 스위스에 본부를 둔 국제 비영리 단체로, 매년 다보스 포럼을 개최하며 글로벌 경제·사회·기술 변화에 관한 연구와 보고서를 발간한다.

식을 탐색할 수 있는 출발점이 될 것이다. 즉 AI는 인간이 노동에서의 자유를 얻어, 인간이 진정 무엇으로 살아갈 것인가라는 근본적인 질문을 우리 앞에 놓을 것이다.

이로 인해 '소득 그 자체를 보장하는 체계', 즉 기본소득에 대한 사회적 공감대가 전 세계적으로 이루어지고 있다.

핀란드는 2017~2018년에 2,000명을 대상으로 기본소득 실험을 진행했으며, 삶의 만족도와 정서적 복지가 유의미하게 향상되었으며 일부 수혜자들은 창업 또는 새로운 직업 시도를 하기 시작했다.[42] 캐나다, 미국, 독일 역시 유사 실험을 추진했다. 한국도 일부 지자체가 청년 기본소득을 도입했으며, 코로나19 당시 전 국민 재난지원금은 사실상 '기본소득의 리허설'이었다.

따라서 이제 질문은 "할 것인가"가 아니라 "언제, 어떤 방식으로 할 것인가"로 바뀌어야 한다.

노동이 사라진 사회에서 기본소득은 선택이 아니라, 생존의 전제다.

2. 기본소득은 부동산 수요를 파괴한다

그렇다면 기본소득은 부동산 시장에 어떤 충격을 주는가?

---

42) 핀란드 기본소득 실험(2017~2018)은 매월 560유로를 무조건 지급하는 방식으로 시행되었다. 실험 결과, 삶의 만족도, 스트레스·우울·외로움 감소, 인지능력 및 경제적 안정감 향상 등이 통계적으로 유의미하게 나타났다.

① 소득 안정 → 자산 강박 해체

지금까지 사람들은 불안정한 노동 환경에서 미래를 보장받기 위해 도시에 거주하며 자산을 축적했다. 집은 그 상징이었다. 그러나 매월 일정 소득이 보장된다면, 굳이 빚을 내고 30년 대출을 감당하며 집을 사야 할 유인은 줄어든다.

"집이 안전망이던 시대는 끝났다. 이제 안전망은 현금흐름이다."

② 소유의 의미 붕괴

기본소득은 생존을 보장한다. 따라서 정주보다 이동성과 경험을 추구하는 삶이 늘어난다. '내 집 마련'은 안정이 아니라 속박으로 인식된다.

"집에 발목 잡힌 삶은 꿈이 아니라 짐이다."

③ 투자 수요 소멸

현재 부동산 수요의 상당 부분은 투자성 수요다.[43] 그러나 기본소득은 소득 격차를 줄이고, 초과 수익을 기대하기 어렵게 만든다. 임

---

43) 부동산을 구매하는 사람들은 언제나 가격이 오를 것이라는 전제 속에서 매입한다. 가격이 하락한다는 진제하에서 집을 사는 경우는 거의 없다. 이러한 특성은 경제 활동 전반에서 보기 드문 현상이다.

대수익은 줄고 세금 부담은 늘어나며, 부동산은 '버는 수단'이 아니라 '빠져나갈 수 없는 비용 자산'이 될 가능성이 있다.

3. 부동산은 더 이상 소유의 대상이 아니다

"집 한 채가 인생을 바꾼다"는 서사는 끝났다.

다음과 같은 질문을 스스로 해 보기 바란다.

만약 매월 200만 원이 조건 없이 나의 계좌에 입금된다면[44], 나에게 '집'은 도피처인가, 휴식처인가? 도구인가, 아니면 덫인가?

기본소득은 인간을 자유롭게 하면서, 동시에 인류가 살아온 부동산 개념을 무너뜨린다. 그 순간, 집은 소유의 대상이 아니다. [45]

---

44) 물질적 풍요를 좇는 이에게는 모자랄 수 있지만, 정신적 풍요를 추구하는 이에게는 오히려 넘쳐 날 수 있다.

45) 수렵·채집 사회에서는 토지가 공동체의 공유 자원에 불과했으나, 농경으로 전환된 메소포타미아 문명에서 토지 소유는 곧 생존 자원의 확보이자 식량을 보장하는 경제적 기반, 그리고 권력의 원천으로 자리 잡았다. 그러나 현대의 부동산은 생존 수단이 아니라 자산 축적과 계급 구분의 상징으로 기능한다. 앞으로 "기본소득 사회가 도래한다면 생존은 국가에 의해 보장되고, 부동산은 절대적 열망의 대상이 되지 않을 것이다. 즉, 부동산 소유는 농경사회에서 생존의 필연으로 태동했으나, 기본소득 사회에서는 절대적 열망이 아니라 상대화된 선택지로 전환될 것이다"라는 것이 필자의 견해이다.

30장

세금이
부동산을 죽인다

세금은 중립적이지 않다. 그것은 시장의 방향을 결정짓는 트리거 (Trigger)다.

한국의 부동산 시장이 흔들리는 원인은 금리 인상, 인구 감소, 수요 부족만이 아니다. 때로는 정부의 조세 정책이 시장을 찌르고, 누르고, 급기야 죽이기까지 한다.

세금은 조용히, 그러나 치명적으로 시장의 호흡을 교란한다. 이 개입이 반복되면 시장은 숨이 막히고, 마침내 마비된다.

1. 보유세 — 집을 가진 죄에 대한 벌금

보유세는 주택을 '갖고만 있어도' 내야 하는 세금이다. 정부는 2020년

대 초반 '공시가격 현실화'를 내세우며 보유세 인상 기조를 강화했다.

예를 들어 2024년 5월 기준 강남구 아파트 평균 매매가격은 약 25억 원을 상회했으며, 공시가격 상승에 따라 고가 주택 보유자의 보유세 부담은 최대 40%까지 증가할 수 있었다. 한 사례로, 강남의 단독주택(84㎡ 기준)은 보유세가 전년 대비 수백만 원에서 천만 원 이상으로 뛰어올랐다.

이러한 보유세 부담은 단순한 세율 인상을 넘어 주택 보유에 대한 실질적 부담을 가중하고 있다.

은퇴한 고령자에게 이 세금은 소득이 없어도 납부해야 하는 '벌금형 재산세'였다. 더 심각한 것은 예측 불가능성이다. 공시가격은 정부의 책정 방식에 따라 매년 달라져, 장기적 보유 전략을 세우는 것이 사실상 불가능하다.

"집은 자산이 아니라, 매년 불어나는 청구서일 뿐이다."

2. 양도세 — 팔지도 못하게 만드는 덫

양도소득세는 집을 팔 때 발생한 차익에 부과된다. 문제는 세율이 지나치게 높아지면, 보유자들이 아예 매도를 포기한다는 점이다.

양도세 부담 역시 다주택자를 정조준했다.

2022년 기준으로 조정대상지역의 다주택자는 기본세율(최고 45%)

에 2주택은 +20%p, 3주택 이상은 +30%p가 중과되어, 최고 75%의 세율이 적용될 수 있었다. 지방소득세까지 합산하면 실제 부담은 80%를 넘어설 수 있다는 분석도 있었다.

결국 '10억 원의 차익 중 7~8억 원을 세금으로 내야 한다'는 비유가 과장이 아니었던 셈이다. 이런 세 부담 구조에서 누가 기꺼이 집을 내놓겠는가.

결과가 역설적이란 것은 당연한 거다. 매물이 시장에 나오지 않아 거래는 멈추고, 가격은 왜곡된다.

거래 없는 상승, 매물 잠김 속의 버블, 정부는 세금을 통해 시장을 조정하겠다고 했지만, 오히려 시장을 '얼어붙게' 만들었다.

"세금은 거래를 멈추게 하고, 멈춘 거래는 시장을 죽인다."

3. 상속세 ─ 세대 간 이전을 가로막는 장벽

상속세는 자산의 세대 간 이전을 어렵게 만든다. 특히 한국처럼 부동산 비중이 절대적인 자산 구조에서는 그 부담이 막대하다.

2022년 기준으로 한국의 상속세 최고세율은 50%[46]에 달하며, 이는 OECD 국가는 물론 전 세계에서도 일본(55%)[47] 다음으로 두 번째로

---

46) 과세표준 30억 원 초과분.
47) 과세표준 6억 엔 초과분.

높은 수준이다. OECD 평균 최고세율이 약 13% 수준이라는 점을 고려하면, 한국의 상속세가 얼마나 가혹한 구조인지 보여 주고 있다.

문제는 현금 흐름이다. 자산 대부분이 부동산으로 묶여 있는 상황에서, 상속세를 낼 현금이 부족해 급매로 집을 내놓는 일이 비일비재하다. 시장은 이 과정에서 다시 왜곡된다.

집은 자녀가 승계받는 유산이 아니라, 상속세를 충당하기 위해 헐값에 내놓아야 하는, 국가에 사실상 빼앗기는 자산일 뿐이다.

4. 국제 비교 — 한국은 세금지옥인가?

구분	보유세 (GDP 대비 %)	상속세 최고세율(%)	양도세 실효세율(%)
대한민국	1.0%	50%	75%
일본	0.7%	55%	38%
미국	0.6%	40%	20%
영국	0.9%	40%	18%
독일	0.4%	30%	15%

한국은 OECD 평균을 웃도는 보유세와 세계 최상위권의 상속세, 그리고 비정상적으로 높은 양도세를 동시에 가진 나라다.[48]

---

48) 한국은 OECD 국가 중에서도 부동산 관련 세금 부담이 높은 편이다. 국세 통계와 한

특히 양도세는 단순 세율뿐 아니라 중과, 누진, 장기보유특례 폐지 등 복합적 요소가 겹쳐 실효세율이 과도하게 높다. 한국의 부동산 세제는 단순한 과세가 아니라, 시장 교란 장치로 기능하고 있다.

5. 세금의 불확실성이 만든 '공포'

문제는 단순히 세율이 높은 데 있지 않다. 정책의 방향성과 일관성 부족이 진짜 문제다.

정권이 바뀔 때마다 세금정책은 뒤바뀌고, 예고 없는 공시가격 상 향이나 소급 적용 논란이 반복된다. 그 결과, 시장 참여자들은 예측 할 수 없는 심리적 공포에 시달린다.[49]

'부동산 보유 = 리스크'라는 인식이 퍼지게 되면서, 자산으로서의 매력은 급격히 떨어진다.

국조세재정연구원 분석에 따르면, 부동산세수(GDP 대비)는 약 3.1%, OECD 평균(약 1.8%)보다 훨씬 높은 수준이다. 또한 전체 세수의 약 16%가 부동산 관련 세금으로 한국 은 부동산세 비중이 GDP뿐 아니라 전체 세수 대비로도 높은 나라에 속한다.

49) 2025년 8월 일부 언론은 정부가 2026년 공시가격 현실화율을 상향할 것이라는 보도를 내보냈다. 이에 대해 국토교통부는 "전혀 검토된 바 없다"고 즉각 해명했으나, 시장에서 는 여전히 정책 가능성으로 받아들여졌다. 현실화율이 상향될 경우, 서울 강남·용산 등 고가 아파트의 보유세 부담이 40~50% 이상 증가할 수 있다는 분석이 다수 제시되었다. 대통령은 과거 "세금으로 집값을 잡지 않겠다"고 공언했으나, 실제 정책에서는 공시가 격·공정시장가액비율 조정 등이 거론되며 공약과 정책 간 괴리가 반복되고 있다. 이러 한 보도 → 부인 → 정책 반영의 순환 패턴은 정책 예측 가능성을 약화시키고, 시장에 불 확실성과 불신을 심화시킨다.

조세 정책이 반복적으로 '도구화'되는 순간, 부동산은 자산이 아니다. 그것은 '벌금형 재산'이 되고, 국민은 부동산을 회피한다.

부동산 붕괴의 서사에는 세금이라는 구조적 압박도 변수로 자리잡고 있다. 세금은 시장의 약이 아니라 독이다. 그리고 그 독은 지금, 한국 부동산의 심장을 서서히 멈추게 하고 있다.

31장

일자리의 종말, 집값의 붕괴

대한민국에서 부동산은 '노력의 보상'이 아니다. 정규직 고용 기반이 무너지고, 금융 규제가 강화되며, 고소득층 중심의 자산 시장으로 변모하면서 부동산은 점차 특정 계층에게만 허용된 폐쇄적 공간으로 변해 가고 있다.

그리고 이것은 단순한 사회적 불평등을 넘어, 부동산 시장의 구조적 붕괴로 직결된다.

1. 정규직의 몰락, 플랫폼 노동의 부상

고용 시장은 급격히 유연화되었다. 한때 평생직장의 상징이던 대기업 정규직은 축소되고, 그 자리를 플랫폼 노동자·프리랜서·자영업자가 대신하고 있다.

2023년 통계청의 경제활동인구조사(근로형태별 부가조사)에 따르면, 임금근로자 중 비정규직 비율은 37.0%, 즉 전체 임금노동자의 3명 중 1명이 비정규직이다. 특히 20~30대 청년층은 커리어의 출발점에서부터 정규직 진입에 실패하거나, 아예 '긱워커'(Gig Worker)[50]로 노동시장에 편입되는 경우가 늘고 있다.

2022년 기준, 고용노동부와 한국고용정보원이 발표한 「플랫폼종사자 규모와 근무실태」 자료에 따르면, 플랫폼 노동자의 월평균 수입은 전체 기준으로 고작 200만 원 남짓에 머문다. 전업으로 해도 218만 원을 넘기지 못한다. 단순히 평균이 낮다는 차원의 문제가 아니다. 수입의 변동이 심하고, 내일을 예측할 수 없다는 점에서 플랫폼 노동은 구조적으로 '불안정한 수입' 위에 서 있다.

문제는 소득 구조다. 플랫폼 노동자의 절반 가까이가 불안정한 수입에 의존하고 있으며, 장기 예측은 거의 불가능하다.

---

50) 'Gig'은 원래 재즈 연주자들의 임시 공연(Temporary Performance)을 가리키는 말이었다. 20세기 초 미국에서 뮤지션들이 클럽이나 바에서 짧게 섭외받아 연주하는 일을 "Gig"이라고 불렀고, 이후 "단기·임시적 일거리"라는 뜻으로 확장되었다. 긱워커는 정규직 고용 관계 없이, 단기·임시 계약을 통해 일하는 사람들을 정의한다. 플랫폼 노동자(배달앱, 차량 호출 서비스 등), 프리랜서, 계약직 등이 포함되며, 일정한 고용 안정이나 복지 혜택이 보장되지 않는다. 긱 이코노미(Gig Economy) 긱워커가 중심이 되는 경제 구조를 의미하며, 우버(Uber), 리프트(Lyft), 배달의민족, 쿠팡이츠 같은 플랫폼이 대표적 예이다. 전통적 고용 모델이 아닌 "프로젝트 단위, 필요할 때만 쓰는 노동"을 의미한다.

미래 소득이 불확실한 자는 대출에서, 그리고 부동산 시장에서 배제된다는 것이다.

2. 금융 규제, 고소득자만의 우대장치

금융 정책은 '총부채원리금상환비율(DSR)' 제도를 통해 강력히 대출을 조이고 있다. 2023년부터는 은행권·제2금융권 모두 DSR 40% 규제가 적용되어, 안정적인 소득 증빙이 어려운 이들에게는 사실상 대출이 차단된 현실이다. 이러한 제도적 장벽 아래에서는 미래의 계획은커녕 현재의 대출조차 허용되지 않을 수 있다.

비정규직·플랫폼 노동자는 소득 증빙의 벽에 막혀 대출 한도가 극도로 낮아진다. 반면 고액 자산가들은 현금 동원 능력을 바탕으로 직접 매입하거나, 법인을 통해 우회 매입까지 가능하다.

금융 규제는 형식상 공정해 보이지만, 실제론 "부자를 위한 규제, 서민을 위한 장벽"으로 기능한다.

3. 실수요자 실종

이 불균형은 결국 실수요자의 실종으로 이어진다. 매수 주체가 사라진 시장은 가격을 지탱하지 못한다.

한국부동산원 통계에 따르면, 서울 아파트 매매 거래량은 2014년 약 8만 5천 건에서 2024년 약 5만 7천 건으로, 10년 사이 3분의 1가량 감소했다.

단순한 경기 순환의 문제가 아니라, 시장에 나설 실수요자가 사라지고 있음을 보여 주는 명백한 신호다. 거래량이 반 토막 난 지금, 집을 사고파는 행위 자체가 멈춰 선 상황을 두고 '거래 절벽'이라 부르는 것은 결코 과장이 아니다.

물론 2024년 3월과 5월에는 거래량이 일시적 반등을 보였다. 그러나 이는 규제 완화와 금리 조정에 따른 정책적 반짝 효과였을 뿐, 장기 추세를 바꾸기에는 역부족이었다. 잠깐의 온기가 지나자 다시 거래는 얼어붙었고, 실수요자는 끝내 시장으로 돌아오지 않았다.

결국 이러한 단기적 회복은 구조적 하락세 속에서 드문 숨 고르기에 불과하다.

거래가 없는 시장은 살아 있는 시장이 아니다. 거래 없는 가격은 허상에 불과하다.

거래가 끊긴 시장은 이미 죽은 시장이며, 대한민국의 부동산 시장은 최소한 죽어가는 시장임은 분명해 보인다.

4. 계급 고착과 '헝거게임형 도시구조'[51]

고용 해체와 금융 규제는 부동산 자산의 세습을 강화한다. 부모 세대가 남긴 부동산을 상속받은 자녀는 출발선부터 시장에서 우위를 점한다. 반면 무주택 청년층은 아예 진입조차 불가능하다.

그 결과 자산 격차는 곧 기회의 격차로 전환되고, 부동산은 열린 시장에서 폐쇄된 계급의 공간으로 만들어진다.

도시구조의 양극화도 심해진다. 도심의 초고가 지역은 초고소득층만의 '요새'가 되고, 외곽은 밀려난 중산층과 저소득층이 거주하는 '주거의 변방'으로 전락한다. 결국 도시는 계급을 뛰어넘을 기회의 공간이 아니라, 계급을 고착시키는 헝거게임형 생존 투쟁의 감옥으로 변해 간다.

5. 시장 붕괴의 냉정한 공식

과거 부동산은 사회 성장과 함께 모든 계층이 참여할 수 있는 자산

---

51) 「헝거게임」은 미국 작가 수잔 콜린스(Suzanne Collins)의 청소년 디스토피아 3부작 소설(2008~2010)이다. 이후 헐리우드에서 영화화되어 2012년 1편이 개봉했고, 주연은 제니퍼 로렌스(캣니스 에버딘 역)였다. 배경은 1개의 수도(Capitol)와 12개 구역(District)으로 이루어져 있으며, 수도는 풍요롭지만, 구역에 지내는 이들은 극심한 빈곤과 억압에 시달린다는 내용이다. 필자는 부동산이 '살기 위한 공간'이 아니라, 계급 생존 경쟁의 경기장처럼 변하고 있다는 은유적 표현으로 '헝거게임형 도시구조'로 정의하였다.

이었다. 그러나 지금은 다르다. 시장은 점점 특정 계층만의 놀이터가 되고 있다.

이것은 단지 불평등의 문제가 아니다. 수요 기반이 사라진 부동산 시장은 필연적으로 가격 붕괴로 이어진다. 시장은 거래로 유지된다. 거래가 없다면, 가격은 거품일 뿐이다.

"지금 한국의 부동산은 멈춘 시계다. 그리고 멈춘 시계는 반드시 추락으로 끝난다."

32장

다가오는
죽음의 물결

부동산 시장을 붕괴시킬 진짜 시한폭탄, 대한민국 부동산을 관통하는 거대한 균열은 '금리'도 '수요 둔화'도 아니다.

그것은 눈에 보이지 않게 다가오지만, 피할 수 없는 단 하나의 단어에서 비롯된다.

'죽음'

지금 부동산 시장을 조용히 갉아먹고 있는 파괴적 힘은 바로 고령 인구의 사망이다. 인구 구조와 주택 수요의 균형을 근본에서 흔드는 이 요인은, 사실상 대한민국 주택 시장을 무너뜨릴 최종 방아쇠다.

그런데도 이 충격은 아직 가격에 완전히 반영되지 않았다. 아니다, 아직 그 시간이 오지 않았을 뿐이다.

1. 지금은 아직 아니다 — '죽음의 시간표'

통계청 자료를 통해, 2035년 대한민국의 출생아 수는 약 23만 명, 사망자 수는 약 45만 명으로 추정할 수 있다. 사망이 출생을 22만 명 이상 앞서는 이러한 격차는, 인구 감소가 일시적 현상이 아니라 구조적 추세로 자리 잡았음을 보여 준다.

이미 대한민국은 'Dead-Cross'에서 탈출하기 어려운 나라이다. 사망이 출생을 앞지르는 나라라는 낙인이 찍힌 것이다. 그러나 이 숫자는 서막에 불과하다.

중요한 것은 누가 죽고 있느냐이다. 지금 통계에 잡히는 사망자는 1930~40년대 초반생들이다. 전쟁과 가난을 통과한 세대이며, 부동산 축적과는 크게 거리가 있었다.

진짜 폭탄은 따로 있다.

1955~1964년 사이 태어난 베이비붐 세대다. 약 710만 명에 이르는 이들은 한국 경제 성장의 최대 수혜 세대로, 국가적 부의 축적과 부동산 상승의 전 과정을 함께했다.

· 수도권으로 진입해 내 집 마련의 주역이 되었고
· 다주택 보유와 갭투자의 핵심 축을 형성했다.

이 거대한 인구 집단이 본격적으로 사망하기 시작하는 시점은

2035년에서 2045년 사이다. 앞으로 고작 10~20년 남았다. 대한민국은 이들의 죽음과 함께 추락할 것[52]이며, 부동산 시장을 뒤흔들 시한폭탄은 이미 카운트다운에 들어갔다.

2. 숨겨진 주택 보유의 진짜 주인들

고령층의 상당수가 여전히 자가주택에 거주하고 있다. 문제는 이 주택들이 대부분 '존재하지만, 시장에 나오지 않은 물량'이라는 점이다. 자녀가 떠난 지방의 단독주택, 수도권 외곽의 아파트, 도시의 노후 단지들이 대표적이다.

지금은 거래되지 않고 보유 상태로 묶여 있지만, 소유자가 사망하는 순간 상속·처분·급매라는 이름으로 강제로 시장에 등장하게 된다.

실제 상속세 신고 인원은 2020년대 들어 1만 명대에서 2만 명 수준으로 추산된다. 상속세 과세 대상은 전체 상속 건수의 3~4% 수준에 지나지 않는다.

다시 말해, 세금을 낸 1만 명 뒤에는 세금을 내지 않고도 상속을 통해 주택을 넘겨받은 수십만 명이 존재한다는 뜻이다.

---

52) The Economic Times는 2024년 11월 기사에서 한국은 지구상의 나라 중 인구 감소로 사라질 첫 번째 국가가 될 것이라 하였다.

지금은 조용히 세대 간 이전이 진행되고 있지만, 베이비붐 세대의 대규모 사망이 예고된 현실에서, 실제 상속으로 인한 매물 출현이 향후 수십만 건 규모로 늘어날 가능성은 매우 많다.

따라서 지금 우리가 마주하는 문제는 단순히 인구 감소가 아니다. 숨겨져 있는 상속 매물의 잠재적 폭발력이 부동산 시장 전체를 뒤흔들 시한폭탄이 되는 것이다.

즉, 지금은 눈에 보이지 않지만, 향후 10, 20년 후에 죽어갈 사망자들의 주택들이 한꺼번에 시장에 풀려나면서 매도자 우위의 시대를 열 가능성이 크다. 이것은 단순한 개인의 문제가 아니라, 대한민국 부동산 시장 전체를 뒤흔들 구조적 리스크다.

3. 인구 감소 + 가구 감소 + 공급 충격 = 붕괴

통계청 장래가구추계(2021)에 따르면, 2040년 무렵부터는 전체 가구 수 자체가 감소세로 돌아선다. 지금까지는 1인 가구 증가가 인구 감소를 가렸지만, 그 논리는 작동하지 않는다.

· 인구는 줄고
· 가구도 줄고
· 공급은 죽음을 매개로 강제적으로 늘어난다.

이 세 가지가 동시에 겹치는 시점인 2040년 전후가 되면

· 수요는 줄어들고, 공급은 폭발한다.

그 결과는 단 하나다.

· 대한민국 부동산 시장의 붕괴

이 단어 말고는 설명할 수 없다.

4. "가족이 없다" — 새로운 매물의 쓰나미

1인 고령가구의 확대는 또 다른 파괴적 충격을 부른다. 자녀가 없
거나, 자녀와 왕래가 없는 경우, 소유자가 사망하면 그 주택은 행정
적 절차를 거쳐 시장에 강제로 풀린다.

또한 상속세 부담, 형제간 자산 분할 갈등은 자녀들이 즉시 매각으
로 대응하게 만든다.

여러 부동산 분석에 따르면, 상속된 부동산의 상당수가 1년 이내
매각되는 것으로 추정된다. 구체적으로는 절반 이상이 단기간 내 시
장에 등장한다는 조사도 있다. 중요한 것은 상속 자산이 빠른 속도

로 현금화된다는 경향이다.

이 매물들은 시세보다 낮은 가격에 거래되는 경우가 많다. '급매-헐값-가격 하락 압력'의 악순환이 반복되며, 결국 시장 전반에 하방 리스크를 키우는 구조를 만든다.

즉, 죽음은 단순한 가족(가구)의 종말이 아니라, 부동산 시장에선 가격 붕괴의 신호탄이 된다.

5. 착시의 함정

일각에서는 "한국은 아직 인구 천 명당 주택 수가 OECD 평균보다 낮으니 공급 부족"이라는 주장을 한다. 그러나 이는 기만적이다.

분모인 인구가 줄어들면, 비율은 자동으로 올라간다.

더 중요한 질문은 단 하나,

· "그 주택을 실제로 필요로 하는 사람이 존재하는가?"

사람이 없는데, 누가 집을 살 것인가.

살 능력도, 필요도 없는 공간은 자산이 아니라 짐일 뿐이다.

조용한 시한폭탄, 다가오는 대한민국의 붕괴는 정해진 것이다.

아직 오지 않았다. 그러나 반드시 온다.

부동산 시장은 늘 수요와 공급의 균형으로 움직인다. 하지만 다가오는 '죽음의 물결'은 그 균형 자체를 송두리째 무너뜨릴 것이다.

베이비붐 세대의 사망은 단순한 세대교체가 아니다.

· 그것은 곧 자산 구조의 해체 → 공급 구조의 폭발 → 수요 기반의 소멸로 이어지는 연쇄적 파국이다.

지금은 조용하다. 그러나 조용할수록 더 무섭다. 진짜 폭풍은, 언제나 침묵 속에서 시작되기 때문이다.

33장

부동산의 끝, 가치의 시대가 온다

현재의 대한민국은 고도성장을 이어 가는 개발도상국이 아니다. 이미 1인당 국민소득 3만 달러를 넘어선 '선진국'이며, 산업화와 도시화가 완성된 구조적 정점에 도달한 자본주의 국가다.

이는 곧 과거처럼 경제성장률에 기대어 자산 가치가 자연스레 상승하는 시대가 끝났음을 의미한다.

부동산 시장 또한 예외가 아니다. 이제는 자산 가격의 상승이 구조적으로 정당화되기 어려운 시대다.

1. 성장 논리의 붕괴

과거 부동산 가격 상승의 핵심 논리는 '성장'이었다. GDP 증가, 인구 증가, 도시 확장, 저금리 기조는 모두 자산 가치의 자연적 증폭을 뒷받침했다.

이 구조에서 부동산은 단순한 주거 공간을 넘어 '투자 자산'으로 변모했고, 투기적 자본이 몰려들며 가격 상승이 가속화되었다.

"사 두면 오른다"는 불패 신화의 믿음이 사회 전반을 지배했고, 그 믿음이 한국인의 재테크 심리를 결정했다.

그러나 2020년대 후반, 성장의 동력은 급속히 약해지고 있다. 2024년 한국의 경제성장률은 1%대에 불과했으며, 2025년에는 IMF와 OECD 모두 1% 이하, 한국은행과 KDI는 0.8% 성장까지 전망하고 있다. 성장에 기대어 올라가던 부동산의 시대는 이제 명백히 끝났다.

2. 심리와 자본의 붕괴

주택 가격은 단순히 '필요'만으로 형성되지 않는다. 그것은 '여유 자본'과 '심리'의 함수다.

과거에는 자산가뿐 아니라 중산층, 청년층도 너도나도 부동산에 뛰어들었다.

이유는 단순했다.

· 오르니까

오를 것이 확실했기에 빚을 내서라도 샀고, 이른바 '가수요'가 '실수요'를 압도했다.

그러나 구조가 붕괴하는 모습이 보이자, 심리도 함께 무너졌다.

2022년 이후 서울의 아파트 거래량은 급감했고, 수도권 외곽 신도시는 미분양 공포에 빠졌다.

여기에 더해 투기 자본의 퇴장은 뚜렷하다.

2022년 한국은행의 기준금리 인상은 갭투자와 다주택 레버리지 전략을 무너뜨렸다. 금리와 세금 부담을 동시에 떠안게 된 다주택자들은 예전처럼 버티지 못했다.

2023년 이후에는 특히 비수도권 주택을 중심으로 정리 움직임이 가속화되었다. 수도권 외곽과 지방 아파트에서 매물이 쏟아지기 시작했고, 이는 시장 전체에 하방 압력을 더했다. 투기적 자본이 떠난 자리에는 실수요자의 불안과 거래 절벽만이 남았다.

즉, 부동산은 이제 '자산'이 아니라 '심리적 부담'으로 인식되기 시작한 것이다.

3. 세대 가치의 전환

더 근본적인 변화는 세대의 가치관이다. 한국리서치 조사에 따르면, "집은 반드시 소유해야 한다"는 응답에는 여전히 대다수가 동의

했다.

그러나 세대별로 보면 양상은 달라진다. 50대 이상은 강한 소유 의식을 보이는 것에 비해, 20대는 상대적으로 낮은 비율을 기록했다. 이 차이는 세대 간 주거에 대한 가치관이 분명히 달라지고 있음을 보여 준다.

· 부모 세대: "집은 인생의 목표"
· 자녀 세대: "집은 선택지 중 하나"

이 차이는 단순한 세대 갈등이 아니라, 수요 구조의 붕괴를 예고한다.

소유보다 경험, 자산보다 삶을 중시하는 세대가 등장하면서, '국민적 신앙'이었던 부동산에 대해 새로운 인식이 나타난 것이다.

4. 가격의 시대는 끝났다

앞으로의 부동산은 어떤 시대를 맞이할 것인가?
정답은 명확하다.

· '가격의 시대'는 끝났고, '가치의 시대'가 온다.

그렇다면 가격 상승을 전제한 투기성 매수는 의미가 없다. 실수요 중심의 시장, 삶의 질과 공간의 기능에 충실한 주거 선택이 핵심이 되는 사회로 변하고 있다.

1,000세대 아파트 단지보다 20세대의 건강한 커뮤니티 공간이 더 높은 가치를 인정받는 시대가 앞으로 다가올 사회이다.

"얼마 올랐느냐"보다 "얼마나 오래, 편안하게 살 수 있느냐"가 주거의 기준이 되는 시대가 올 것이다.

5. 해외의 사례, 한국의 미래

이 전환은 한국만의 현상이 아니다.

독일 베를린, 일본 후쿠오카, 미국 포틀랜드 같은 도시는 이미 '투기보다 주거 안정'으로 정책을 전환했다.[53]

소유보다 임대, 수익보다 삶의 질이 부동산 담론의 중심으로 이동하고 있다.

---

53) 베를린의 경우, 임대료 상한제·동결 등 투기 억제를 시도했으나 일부는 법적 한계로 무효화 되었지만 '투기 반대, 주거 안정' 담론이 강하게 자리 잡고 있다. 포틀랜드의 경우, 단독주택 위주 지역에 다가구 주택 건축을 허용(Residential Infill Project)하며 임대·주거 다양성 확대를 추진, 삶의 질 중심 주거 담론 강화하였다. 후쿠오카의 경우, 임대 접근성이 좋고 생활비 부담이 적어 '임대 중심 주거 안정 도시'로 언급된다. 세 도시의 공통점은, 세 도시는 모두 소유보다 주거 안정·삶의 질을 중시하는 방향으로 부분적 전환을 시도하고 있다는 점에서 한국의 미래를 가늠하게 한다.

대한민국도 마찬가지다.

소멸 가능 지역이 115곳을 넘는 지방 현실 속에서, 단순한 공급 확대나 투기 유도는 답이 될 수 없다.

6. 생활 만족도의 시대 — 도시 집중 신화의 붕괴

흔히들 말한다.

"나이 들수록 도시에 살아야 한다."

그러나 이 말은 이제 잘못된 선입견에 불과하다. 원격진료가 일상화되면 대형병원 인근에 거주할 필요가 줄어든다. AI 간호와 돌봄 로봇은 도시의 돌봄 인프라를 대체한다. 고속 교통망과 원격근무, 기본소득 및 비대면 사회는 물리적 거리를 무력화한다.

이제 고령자가 주거지를 선택하는 기준은 "도시에 있느냐"가 아니라 "얼마나 삶의 만족도가 높으냐"로 이동한다.

공기 좋은 곳, 비용이 저렴한 곳, 공동체적 안정감을 누릴 수 있는 곳이라면 그것이 곧 '최적의 주거지'다.

도시 집중은 필연이 아니라 선택지 중 하나일 뿐, 기술과 사회 변화가 맞물릴수록 '분산 이주'는 더 가속화될 것이다.

결론적으로 '가격의 시대'는 끝났다. '가치의 시대'가 왔다.

그리고 그 가치는 "도시 아파트 몇 평"으로 환산되는 가격에 있지 않다. 지금까지 가치는 눈에 보이는 가격이었다.

삶의 질, 만족도, 공동체, 자연, 이러한 요소들이 곧 부동산의 새로운 가치 기준이다. 주거 만족도가 물질적 가치, 돈으로 정의되는 지금의 집단적 가치는 부동산 시장 분석에서 점차 사라질 것이다. 개별적 가치로 바뀌면서 심리적 가치로 개인의 공간 선택 기준이 점점 늘어 날 것이다.

이 단순한 사실을 인정하지 못하고 과거 환상에 머무른다면, 가장 큰 손실은 지금 집을 사려는 사람들이 떠안게 될 것이다.

부동산은 우리, 모두가 불나방처럼 뛰어들었던 '황금의 덫'이었다.

그리고 여기서 우리는 분명히 선언해야 한다.

대한민국의 미래는 도시 집중이 아니라, 분산형 사회[54]가 되어야 한다.

'서울에 살아야 한다'는 환상은 이미 종말을 맞이했다. 앞으로 부동산의 가치는 "어디에 있느냐"보다 "어떻게 살고 있느냐"에서 결정될 것이다.

---

54) 필자가 주장하는 분산형 사회라는 개념은 다음과 같다. AI 사회에서는 대규모 노동력이 특정 도시에 집결할 필요가 없다. 생산은 자동화되고, 일자리는 네트워크로 흩어진다. 따라서 대도시는 절대적인 중심지가 될 수 없다. 오히려 콘텐츠와 문화, 삶의 방식이 있는 곳이 새로운 도시의 경쟁력이 된다. 이 경쟁력은 거대 도시가 아니라, 소규모 도시와 지역 거점에서 다양하게 구현될 수 있다. 결국 분산형 사회란, 수도권에 모든 것을 쏟아 붓는 구조가 아니라, 전국 곳곳의 도시가 저마다의 콘텐츠를 중심으로 살아 숨 쉬는 사회를 의미한다. 필자가 경주를 삶의 거처로 선택한 것도 바로 이러한 맥락에서다. 역사와 문화가 살아 있는 공간에서, 대도시 중심이 아닌 새로운 분산형 사회의 가능성을 다각도로 검토해 보고자 한 것이다.

한반도 리스크,
집값의 마지막 블랙스완⁵⁵⁾

대한민국 부동산 시장의 운명을 가를 마지막 변수는 무엇인가.

금리도, 인구도, 공급과 수요도 이미 붕괴의 전조를 만들었다. 하지만 시장에는 아직 '최후의 버팀목'이 존재한다.

그것은 심리다.

심리가 무너지는 순간, 시장은 균형을 잃는다. 그리고 지금 그 심리를 무너뜨릴 가장 강력한 촉매는 바로 '한반도 리스크'다.

---

55) 서양 고전에서 백조는 모두 흰색이라고 생각했다. 고대 로마 시인 유베날리스(Juvenal)는 "검은 백조는 있을 수 없는 것"이라 표현했다. 불가능한 일, 상상할 수 없는 사건의 비유다. 그런데 17세기 말, 유럽 항해자들이 실제로 호주에서 검은 백조(Black Swan)를 발견했다. 이는 사람들의 "확실하다"는 믿음을 뒤집은 사건이 되었고, '블랙스완'은 불가능하다고 여겼던 일이 실제로 일어남을 뜻하게 되었다. 레바논 출신의 금융학자 나심 니콜라스 탈레브(Nassim Nicholas Taleb)가 『블랙 스완』이라는 책을 출간하면서 세계적으로 알려졌다. 탈레브가 정의한 블랙스완 사건의 세 가지 특징은 극도의 희귀성(사전에 예측하기 거의 불가능), 극단적 충격(발생하면 사회·경제·정치에 엄청난 파급을 줌), 사후 예측 가능성(사건이 발생한 뒤에는 마치 당연했던 것처럼 설명됨)이다.

1. 지정학적 불안, 한국만의 약점

'한반도 리스크'는 단순히 북한의 미사일 발사나 국지 도발로만 설명되지 않는다. 그것은 지정학적 불안이 누적되어 투자 심리를 잠식하는 구조적 위험을 뜻한다.

대한민국은 전 세계에서 유일하게 전쟁이 끝나지 않은 나라다.

서울은 군사분계선에서 불과 50km 남짓 떨어져 있으며, 수도권 한 곳에 국가 자산과 인구의 절반 이상이 집중돼 있다.

이렇게 안보 불확실성과 자산 집중도가 동시에 높은 선진국은 한국이 유일하다. 즉, 한국 부동산은 다른 어떤 나라보다 지정학 리스크에 취약하다.[56]

2. 외국인 투자자, 이미 발을 빼고 있다

외국인 자본은 가장 먼저 움직인다.

한국은 지정학적 · 정치적 리스크에서 완전히 벗어나지 못했다. S&P

---

56) 필자가 박사과정 시절 연구실에서 비무장지대를 부동산학적으로 어떻게 활용 · 관리할 수 있을지를 두고 꽤 오랜 시일 토론했던 기억이 있다. 실제로 외국인 관광객 대상 조사와 연구에서도 한국을 떠날 때 가장 기억에 남는 장소로 DMZ 투어가 자주 언급된다. 이는 한반도 지정학 리스크가 단순한 안보 변수가 아니라, 한국 사회와 부동산 시장 전반을 규정하는 독특한 환경임을 보여 준다.

는 한국의 국가신용등급을 안정적으로 "AA"로 유지했지만, 향후 등급 상향은 지정학적 긴장이 완화되지 않는 한 기대하기 어렵다고 평가했다.

이처럼 글로벌 신용평가기관들은 한국의 경제 펀더멘털에 대해서는 여전히 긍정적 평가를 내리면서도, "지정학적 리스크 프리미엄"을 경계하는 관점에 무게를 두고 있다.

블룸버그[57]는 "한국의 부동산 시장은 지정학적 충격에 가장 과민한 시장 중 하나"라고 분석했다.

더 근본적인 변화는 외국 자본의 태도다. 2020년대 중반 들어 해외 투자자들은 서울의 A급 오피스 빌딩과 주요 리츠(REITs) 자산에서 발을 빼기 시작했다. 저금리 시대에 유입되던 외국 자본이 금리 전환과 경기 둔화 앞에서 빠르게 빠져 가는 것이다.

이는 단순한 투자 전략의 변화가 아니라, 한국 부동산이 매력적인 투자처가 아니라고 판단하는 흐름의 반영이다.

이는 단순한 차익에 대한 실현이 아니다.

장기적 리스크 회피 전략이다. 외국인 투자자의 눈에 한국 부동산은 이미 안전자산이 아니라 불안 자산으로 바뀌었다.

---

57) 월스트리트, 투자자, 정책 분석가 등 금융 시장의 중추 역할을 수행하며, 실시간 정보와 데이터를 중심으로 글로벌 경제 투명성과 효율성을 강화하는 데 기여하는 기업이다.

3. 안전자산 신화, 허울이 드러나다

오랫동안 한국 부동산은 '금보다 안전하다'는 믿음으로 포장됐다. 전쟁 가능성을 알면서도, 사람들은 "설마"라는 자기 위안으로 살아왔다.

하지만 무시된 리스크는 언젠가 심리를 뒤흔드는 블랙스완이 된다. 블랙스완은 발생 전에는 상상조차 못하지만, 발생 후에는 모두가 "예견된 일이었다"고 말하는 충격이다.

지정학적 불안이 본격화되는 순간, 외국인은 물론 국내 자산가들조차 현금화에 나선다. '금보다 안전하다'는 한국 부동산의 오랜 신화는 그 순간 산산조각 날 것이다.

4. 심리 붕괴의 메커니즘

경제는 숫자만으로 작동하지 않는다. 공포와 불신은 언제든 시장을 무너뜨린다.

- 전쟁 가능성: 국지 도발, 미사일 발사, 군사 충돌
- 중국과의 경제 갈등: 수출 감소, 환율 불안
- 미국의 금리 및 가상화폐 정책: 자본 유출 가속화

이 세 가지가 겹치는 순간, 매수자는 사라진다.

서울의 매수 심리를 보여 주는 바로미터, KB부동산의 매수우위지수는 2025년 7월 첫 주 기준 60.58까지 주저앉았다.

한 달 전만 해도 99선을 웃돌았던 모습과 비교하면, 매수자의 절대적 이탈이 얼마나 극심했는지가 여실히 드러난다. 이 심리가 흔들린 시장에 한반도 지정학 리스크까지 겹친다면, 매수자는 완전히 사라질 수밖에 없다.

· 심리 붕괴 → 거래 마비 → 가격 급락

아무도 사지 않는 시장은, 존재하지 않는 시장과 같다.

블랙스완은 이미 현실 속에 있는 것이다.

한반도 리스크는 불확실성의 근원이자, 가장 무서운 변수다. 지금까지는 일어나지 않았다는 이유로 무시해 왔다. 그러나 바로 그 무시가 시장을 좀먹는 독이 된다.

심리는 눈에 보이지 않는다. 하지만 무너지는 순간, 속수무책이다.

부동산의 끝은 수치로 예측되는 것이 아니다.

그것은 심리의 전복에서 시작된다.

한반도 리스크의 마지막 블랙스완은 이미 시작된 현실이다.

서울의 집값조차 이 앞에서 무너질 수밖에 없다.

35장

금융의 도미노,
집값보다 무서운 연쇄 붕괴

부동산 시장의 하락은 단순히 자산 가격의 조정으로 끝나지 않는다. 대한민국처럼 가계·기업·금융기관이 모두 부동산에 과도하게 얽힌 사회에서, 집값 하락은 금융 시스템 전체를 무너뜨릴 수 있는 연쇄 반응을 촉발한다.

이것이 바로 '금융의 도미노 효과'다.

1. 담보가치가 무너지면 은행도 무너진다

대한민국의 가계부채는 GDP 대비 100%를 훌쩍 넘는 규모로, 세계적으로도 가장 높은 수준 가운데 하나다.

이 부채의 성격은 단순하지 않다. 대부분이 부동산을 담보로 한 대출로, 집을 사기 위해 빌린 돈이 가계부채를 떠받치고 있다. 다시 말해, 한국의 가계 재무구조는 부동산 시장과 사실상 운명을 함께하고 있다.

이러한 빚의 구조는 경제 전반에 이례적 부담을 남긴다. 가계의 삶은 금리와 집값 변동에 민감하게 흔들리고, 시장 전체는 부동산 가격과 가계부채의 상호작용 속에서 불안정한 균형 위에 놓이게 된다.

집값이 50%[58] 하락하면 어떤 일이 벌어질까?

· 대출 담보가치 하락 → 은행의 부실 위험 확대
· 연체율 상승 → 은행 건전성 악화
· 금융기관의 신규 대출 축소 → 가계·기업 모두 자금난
· 자금난이 다시 소비·투자 위축으로 이어져 경기 침체 가속

즉, 집값 하락은 가계만의 문제가 아니라 금융 시스템 전체의 균열이다.

---

58) 1997년 IMF 외환위기 당시 서울 아파트값은 15% 이상 급락했고, 일부 단지는 30% 넘게 하락했다. 2008년 서브프라임 위기 때 미국 주택 가격은 평균 30% 이상, 일부 지역은 50% 가까이 떨어졌다. 문재인 정부 임기 동안 서울 아파트 평균 매매가격은 약 6억 원대에서 12억 원을 넘어 2배(100%) 이상 폭등했다. 급등은 가능했는데, 급락만 불가능하다고 말하는 것은 논리적 모순이다. 따라서 50% 하락은 결코 비현실적 가정이 아니라, 역사와 구조가 보여 주는 현실적 시나리오다.

2. 위기의 기억: 1997년과 2008년

1997년 외환위기는 기업부채 위기였지만, 담보 가치 하락으로 은행권이 연쇄 부실에 빠졌다.

2008년 금융위기, 즉 미국의 '서브프라임 모기지 사태'가 보여 준 것은, 주택 가격 붕괴가 금융위기 그 자체라는 사실이다.

한국 역시 가계부채 의존도가 세계 최고 수준인 만큼, 미국식 금융위기의 아킬레스건을 그대로 안고 있다.

3. 심리적 임계점, 6개월[59] 거래 절벽

부동산 시장의 심리는 숫자가 아니라 '체감'으로 움직인다. 거래가 6개월 마비되면, 시장은 "아무도 사지 않는다"는 공포에 빠진다.

이때부터는 합리적 가격이 아니라, 패닉 셀링과 현금 보존 본능이

---

59) 월간 통계에서 보면, 거래량이 3~6개월 이상 급감하면 시장의 가격 조정이 본격화되는 패턴이 반복되고 있다. 예를 들어보면 2008년 금융위기 직전 서울 아파트 거래량이 6개월 연속 50% 이상 감소했고, 2009년에 대세 하락했다. 2012년 유럽 재정위기 때도 거래 절벽이 반년 이상 이어진 후 가격 하락 폭이 확대되었다. 2022년 하반기 거래량이 반년 가까이 '역대 최저치'를 기록하면서, 2023년 상반기까지 전국 아파트 매매가격 지수가 뚜렷하게 하락하였다. 즉, 통계적으로 6개월 이상 거래 절벽이 이어지면 가격과 심리 모두 꺾인다는 경험적 패턴이 있다고 볼 수 있다. 또한 심리학적·행동경제학적 근거가 있다. 행동경제학에서는 'Anchoring Effect(기대 고정 효과)'가 대체로 6개월~1년 주기에서 강하게 작동한다고 알려져 있다.

시장을 지배한다.

은행은 대출 회수에 나서고, 가계는 매도를 서두르며, 금융기관은
대규모 손실을 기록한다.

심리 붕괴는 금융 붕괴로, 금융 붕괴는 실물 붕괴로 이어진다.

4. 집값 하락은 끝이 아니라 시작

많은 사람이 "집값이 떨어지는 게 뭐 그리 큰일이냐"고 말한다. 그
러나 문제는 단순히 부동산 자산의 가치 하락이 아니다.

그것은,

· 은행의 부실화

· 신용경색

· 고용 축소와 실물경제 위기로

이어지는 거대한 도미노의 첫 칸이다.

부동산은 단순한 재화가 아니다. 대한민국 경제의 신용을 담보하
는 기둥이며, 그 기둥이 무너지는 순간 한국 경제 전체가 흔들린다.

부동산 가격 하락은 눈에 보인다. 하지만 더 무서운 것은, 그 하락
이 촉발하는 금융의 연쇄 붕괴다.

부동산의 끝은 곧 금융의 끝일 수 있다.

그리고 그 금융의 끝은, 단순한 집값의 문제가 아니라 국가 경제 전체의 위기를 가져올 것이기 때문이다.

36장

부동산 이후의 시대, 불평등은 없어지는가?

우리는 오랫동안 부동산을 소유의 절정으로 보았다. 어떤 이는 재테크의 수단으로, 어떤 이는 은퇴 후 삶의 기반으로, 또 어떤 이는 자식에게 물려줄 유산으로 집을 사들였다.

그러나 이제 우리는 묻지 않을 수 없다.

부동산의 가치가 붕괴하고 나면, 불평등은 사라지는가?

이 질문은 단순한 경제 문제가 아니다. 그것은 인간 사회의 근본 구조와 맞닿아 있다. 우리는 정말 부동산이 사라진 사회에서 평등을 누릴 수 있을까? 아니, 평등이라는 이상 자체가 인간 사회에서 구현 가능한 것일까?

1. 근대 이전: 토지 소유는 곧 권력이었다

인류 역사의 대부분은 '소수가 토지를 독점하던 사회'였다. 왕과 귀족, 성직자와 지주들이 대지의 소유자였고, 대다수는 그 땅에 예속된 농노와 하층민이었다.

루소는 『인간 불평등 기원론』에서 이렇게 말했다. "토지를 둘러싼 최초의 울타리를 치고, '이건 내 땅이다'라고 선언하며 사람들을 설득한 자가 인간 사회의 불평등을 유발한 것이다."

토지의 사유화는 단순한 경제 행위가 아니라, 사회 구조를 규정하는 결정적 사건이었다. 근대국가가 등장하고 시민들이 일정한 권리와 자산을 갖기 시작했지만, 토지는 여전히 불평등의 근원으로 남아 있었다.

2. 부동산과 근대의 평등 착시

20세기 중반 이후 대한민국은 급격한 산업화와 도시화를 거쳤다. 그리고 부동산은 누구나 소유 가능한 자산으로 변모했다.

'내 집 마련'은 중산층의 상징이었고, "열심히 일하면 집을 살 수 있다"는 믿음이 사회를 지배했다.

그러나 그것은 일시적 착시였다.

고도성장의 구조적 기반이 사라진 21세기, 부동산은 다시 계급을 가르는 절대 기준이 되었다.

집값 상승률이 소득 상승률을 초과하면서, 근로소득만으로는 내 집 마련이 불가한 시대가 도래한 것이다.

3. 토지공개념의 귀환과『진보와 빈곤』

1879년, 헨리 조지는『진보와 빈곤』[60]에서 이렇게 통찰했다. "문명의 발전은 부의 집중을 가속시킬 뿐이며, 진보는 빈곤을 제거하는 것이 아니라 그 격차를 확대시킨다. 그 원인은 바로 토지 사유화다."

그는 토지의 공공성을 주장하며 토지이익세(Land Value Tax)를 제안했다. 이는 불로소득을 억제하고 생산적 자본으로의 전환을 유도하려는 시도였다.

대한민국에서도 1989년 '토지공개념'이 도입되었지만, 정치적 저항과 시장 반발로 정착하지 못했다.

오늘날 이 논의가 다시 거론되는 것은, 부동산 불로소득이 사회적 갈등을 심화시키고 있기 때문이다.[61]

---

60) 톨스토이는 말년에 헨리 조지의 사상에 깊이 공감했으며,『부활』이라는 소설의 철학적 뼈대로 삼았다.

61) 소득세법상 이자·배당·양도·기타소득(일부)은 흔히 '불로소득'으로 낙인찍히지만, 이는 정치적 프레임의 산물이다. 경제학적으로 불로소득은 위험이나 노력 없이 얻는 순수 지대(Rent)를 뜻한다. 그러나 이자·배당처럼 자본에서 발생하는 정상 수익은 시간가치

4. 지금이 가장 평등한 시대일 수도 있다

오늘날 부동산 불평등은 심각하게 사회적 문제가 되고 있다. 특히 수도권 고가 아파트 소유자와 무주택자 간 격차는 단순한 소득 차이가 아니라, 계급적 단절로 고착되고 있다.

그러나 아이러니하게도 우리는 지금, 인류 역사상 가장 평등한 시기에 살고 있을 가능성이 있다. 근대 이전 다수에게 부동산은 소유의 대상조차 아니었고, 근대화 이후에야 시민들이 부동산을 소유할 수 있게 되었다.[62]

5. 부동산의 붕괴가 평등을 가져오는가?

본질적인 질문으로 돌아가 보자.

와 위험 부담에 대한 보상이라는 성격을 가진다. 특히 은퇴 이후에는 근로소득이 사라지기 때문에, 이자·배당·임대수익 같은 자본소득은 사실상 '노후의 임금' 역할을 한다. 고령화 사회에서는 자산에서 소득을 만들어 놓은 사람과 그렇지 못한 사람의 삶의 질 격차가 구조적으로 확대된다. 따라서 자본소득 전체를 불로소득으로 단순화해 낙인찍는 것은 노년층의 생존 기반을 약화시키는 오류다. 옳은 접근은 순수 지대와 정상 자본소득을 구분하고, 지대는 과세와 환수로 억제하되 정상 자본소득은 보호·확대하여 은퇴 이후 삶의 안정성을 뒷받침해야 한다고 필자는 보고 있다.

[62] 역사적으로 토지는 소수의 권력자나 귀족에게 집중된 자산이었다. 예컨대 제정 러시아에서는 농노제가 시행되어, 농민은 토지를 소유할 권리가 없었다. 이는 농민혁명과 토지개혁이 필연적으로 뒤따르고, 결국 세계 최초의 사회주의 국가가 수립되는 토대를 형성했다는 사실과 맥을 같이한다.

만약 부동산 가격이 대대적으로 붕괴한다면, 자산의 평준화가 일어날까?

겉보기에는 자산 가치가 줄어들므로 격차도 완화될 듯하다. 그러나 현실은 그렇게 단순하지 않다.

① 레버리지의 붕괴가 일어날 것이다

빚을 내 집을 산 실수요자는 자산 가치 하락과 함께 파산에 몰린다. 반면 현금 자산가들은 하락장에서 오히려 기회를 잡는다. 격차는 줄지 않고 오히려 확대된다.

② 경제 전반의 충격이 나타날 것이다

부동산 가격 하락은 소비·투자·고용 전반에 악영향을 준다. 자산 붕괴 → 소비 위축 → 기업 감원 → 실업 증가 → 소득 격차 심화라는 악순환이 반복된다.

③ 무주택자의 역설이 나타날 것이다

무주택자라고 해서 혜택을 보는 것도 아니다. 집값이 내려가면 추가 하락에 대한 공포, 대출 금리와 금융 규제 탓에 여전히 집은 멀다.

주거 불안은 그대로 남는다.

결국, 자산 붕괴는 평등을 낳지 않는다. 오히려 그것은 불평등을 재편하고 고착화시키는 계기가 될 가능성이 크다.

6. 미래의 부동산, 계급, 불평등

앞으로 부동산이 핵심 자산이 아닌 사회가 올 수 있다. AI 기반 노동의 붕괴, 고령화, 인구 감소, 기술혁신이 그 조건을 만들 수 있다.

그러나 자산의 형태가 달라져도 불평등은 사라지지 않는다.

부동산 대신 데이터, 플랫폼, 디지털 자본이 새로운 계급의 기준이 될 수 있다.

자산은 언제나 불평등을 정당화하는 장치로 재탄생해 왔다. 따라서 진정한 평등은 단순한 자산 가격 하락으로 이루어지는 것이 아니라, 인간의 존엄이 절대적으로 보장되는 사회 구조 자체의 재설계 없이는 불가능하다. [63]

---

63) 사회는 언제나 권력과 자원의 불균등 배분을 전제로 운영되기 때문에, 모든 개인의 존엄을 100% 보장하는 사회는 사실상 존재하기 어렵다. 역사적으로도 "평등 사회"를 지향한 시도들은 언제나 새로운 불평등이나 권력 집중을 가져왔다.

7. 우리는 어디로 가는가?

『부동산, 끝의 시작』은 단순히 시장의 붕괴를 다루는 글이 아니다. 그것은 한 시대가 끝났다는 선언이며, 새로운 질서를 요구하는 신호다.

우리는 루소가 지적했듯, "이건 내 땅이야"라는 최초의 외침 이후 줄곧 불평등의 순환 속에서 살아왔다.

자유 민주주의 속의 자본주의는 인류가 그 구조를 가장 정교하게 발전시킨 형태일 뿐이다.

이제 우리는 묻는다.

"부동산 이후의 시대, 우리는 좀 더 평등한 사회로 갈 수 있는가?"

필자의 글이 완전한 답을 줄 수는 없다. 다만 분명히 경고한다.

· 부동산의 종말은 불평등의 종말이 아니다.
· 그것은 단지 새로운 불평등의 서막일 뿐이다.
· 진정한 평등은 단순히 집값이 무너진다고 찾아오지 않는다.

평등은 사회 구조 자체를 다시 설계하려는 용기와 실천 속에서만 부분적으로 가능하다. 그리고 그 투쟁은 인류가 존재하는 한 끝까지 안고 가야 할 숙명일 것이다.

2부

부동산의 시작

37장

또 다른 미래, 반론의 형성

1부 「부동산의 끝」에서 필자는 인구 감소, 고령화, 노동의 소멸, AI 대체, 도심 공동화, 주거의 잉여화, 그리고 사회적 불평등 심화에 기반하여 부동산 시장의 구조적 붕괴가 불가피하다는 결론에 도달했다.

이는 통계와 제도, 심리와 기술 변화가 함께 만들어 낸 복합적 위기를 다룬 시나리오였다. 그러나 한 방향의 해석만이 진실을 대변하지는 않는다.

현실을 구성하는 변수는 언제나 복합적이며, 같은 지표도 시각에 따라 반대의 해석을 가져올 수 있다.

따라서 2부 「부동산의 시작」은 기존의 붕괴론에 대한 또 다른 가설, 즉 반론을 제안하고자 한다.

1. 낙관론이 아닌 구조적 반론

만약 부동산 시장이 여전히 상승할 수 있다면, 그 조건은 무엇이며 어떤 구조적 요인이 이를 뒷받침하는가?

이는 단순한 낙관론이나 이해관계자의 희망 섞인 전망이 아니다.

다음과 같은 요인들은 실제로 시장의 가격을 지지하거나 반등을 유도할 수 있는 구조적 배경이다.

- 인플레이션 시대의 실물자산 선호: 화폐 가치가 약화될수록 사람들은 다시 집과 토지에 자본을 몰아넣는다.
- 재건축·재개발 규제와 공급 제한: 정책적 억제는 공급을 막아 가격을 떠받치는 효과를 낳는다.
- 조세 감면과 금융 완화: 경기 침체기에 정부가 꺼내 드는 전통적 수요 자극 카드이다.
- 도심 기능의 집중과 입지 프리미엄의 고착화: 서울 강남, 뉴욕 맨해튼, 도쿄 도심부는 여전히 비싼 이유가 있다.
- 고령화 속 상속 구조: 상속 과정에서 자산 이동은 발생하더라도, 핵심 지역의 자산은 쉽게 시장에 나오지 않는다.
- 글로벌 자본의 유입: 한국은 아시아의 안정적 투자처로 간주되어 외국 자본이 주기적으로 재유입된다.
- 주거의 프리미엄화: 단순히 '집'이 아니라 '라이프 스타일'로서

주거를 평가하는 흐름이다.

· 한국인의 뿌리 깊은 부동산 중심 자산 심리: 위기 속에서도 끝
  내 사라지지 않는 집착이다.

이 모든 요소는 여전히 부동산 가격을 끌어올리거나, 최소한 하락
을 완충하는 장치로 작동할 수 있다.

2. 지적 실험으로서의 「부동산의 시작」

2부는 이러한 가능성을 하나씩 검토하면서, 기존의 붕괴론과는 반
대 방향에서 시장을 해석하는 지적 실험이다.

이는 단순히 "반등할 수 있다"는 낙관을 강요하는 것이 아니라, "만
약 그렇다면 어떤 논리가 가능한가"라는 질문을 던지는 과정이다.

그리고 그 두 갈래 길 앞에서 각자의 해석과 판단을 통해, 스스로
현실을 직시해야 한다.

3. 필자와 독자의 몫

필자는 개인적으로 '부동산의 끝'에 조금 더 마음이 기울고 있다.

그러함에도 동시에 '끝이 아닐 수도 있음'을 전제하고, 다른 구조와 가능성을 검토하고자 한다.

필자의 판단은 필자의 몫이다.
독자의 판단은 독자의 몫이다.

38장

도시는 왜
사라지지 않는가?

코로나19 팬데믹과 인구 감소의 흐름 속에서 한때 "도시의 소멸"
이 논의된 적이 있었다.

원격근무 확산, 비대면 기술의 발전, 지방 인구 유출과 소멸 위기
론은 도시를 과거의 유물로 만들 수 있다는 전망을 자극했다.

그러나 이러한 예측은 도시를 단순히 사람들이 모여 사는 물리적
공간으로만 이해한 데서 비롯된 착각이었다. 도시는 기능이 축적된
구조이며, 고도로 복합화된 인간 활동의 중심지다.

1. 수도권, 기능이 응축된 메가시티

대한민국 수도권은 전국 인구의 절반 이상, 고용의 과반, 대기업

본사의 80% 이상이 집중된 메가시티 구조로 형성되어 있다.

일자리, 교육, 의료, 문화, 금융, 소비 등 삶의 핵심 기능이 도시 공간에 밀집되어 있으며, 이는 단순한 인구 밀도가 아니라 기능의 집중성이다.

이 집중성은 부동산 수요를 구조화하며, 가격의 하방 경직성을 만든다. 사람들은 단순히 모여 사는 것이 아니라, 기능에 끌려서 도시에 머문다.

2. 도시, 자산 축적의 공간

도시는 주거지이자 동시에 자산 축적의 무대다.
주택은 단순한 생활 수단을 넘어,

· 계층 상승의 통로
· 가족 안전망
· 사회적 소속감과 정체성의 상징으로 기능한다.

한국 사회에서 도심 핵심 입지에 대한 선호는 단순히 교통 편의나 면적의 문제가 아니다. 자산 가치, 교육 인프라, 커뮤니티, 브랜드, 정체성까지 얽혀 있는 복합적 수요의 산물이다.

이 복합성은 부동산 시장에서 프리미엄 입지가 왜 쉽게 무너지지 않는지를 설명하는 가장 강력한 구조적 요인이다.

3. 기술과 도시, 상호 보완의 구조

많은 이들이 "기술이 도시를 대체할 것"이라고 주장했지만, 현실은 그 반대다. 기술은 도시를 해체하기보다 오히려 도시 기능을 재정비한다.

원격근무가 가능해졌지만, 창의성과 협업이 필요한 고소득 일자리는 여전히 도심을 선호한다. 온라인 교육이 일반화되었지만, 명문 학군과 교육 인프라는 도심 집값을 지탱한다. 원격진료가 등장했지만, 최첨단 의료기관은 여전히 대도시에 집중된다.

결국 기술은 도시의 일부 기능을 분산시키지만, 핵심 기능은 더 집중시킨다. 도시는 여전히 사람들을 빨아들이는 자석으로 남는다.

4. 불안정한 시대, 도시는 더 견고해진다

불안정할수록 사람들은 안정성과 기회를 찾아 도시에 몰린다. 경제 위기 속에서도 서울 강남, 도쿄 도심, 뉴욕 맨해튼이 무너지지 않은 이유는 여기에 있다.

도시는 단순한 주거 밀집이 아니다.

· 기능
· 자산
· 정체성

으로 사회적 기회가 응축된 구조다.

이 구조는 쉽게 사라지지 않으며, 오히려 불안정한 시대일수록 더 견고해진다.

결론적으로 도시는 붕괴하지 않는다고 주장할 수 있는 것이다. 도시의 공간 가치는 여전히 남아 있을 것이며, 도시야말로 부동산 가치의 중심지로 남을 수밖에 없다.

독자와 함께 필자가 첫 번째로 인정해야 할 사실은 단순하다.

도시는 흔들려도, 무너지지 않는다.

39장

돈이 약해질수록
집은 강해진다

인플레이션 환경에서는 실물자산이 명목자산보다 가치 보존에 유리하다는 사실은 수많은 연구와 역사적 경험을 통해 이미 증명되었다.

통화 가치가 하락하고 화폐의 구매력이 줄어들 때, 금융자산은 실질 가치 하락의 위험에 노출되지만, 실물자산은 가격이 조정되며 오히려 가치를 지키거나 상승하는 경향이 있다.

부동산은 그 대표적 실물자산이다.

1. 인플레이션 시대의 귀환

세계 경제가 저성장·고물가의 구조적 국면으로 전환했다고, 국제통화기금(IMF)은 2023년 「World Economic Outlook」에서 진단했다.

- 코로나19 이후 각국의 대규모 유동성 공급
- 공급망 불안정과 에너지 가격 고착화
- 고령화에 따른 생산성 둔화

이 세 가지가 결합하면서 물가 상승 압력은 앞으로도 존재할 것이라는 경고다.

한국은행은 보고서에서, 과도한 통화 완화와 글로벌 재정 팽창이 통화 가치에 하방 압력을 줄 수 있다고 지적했다. 이는 단순한 환율의 문제가 아니라, 화폐 신뢰도 자체가 흔들릴 수 있다는 의미다. 결국 불안정한 통화 환경에서는 실물자산, 특히 부동산의 매력이 구조적으로 강화된다.

2. 역사적 사례: 돈이 흔들릴수록 집은 오른다

이 같은 인과관계는 과거 사례에서도 반복적으로 확인된다.

- 1970년대 미국 스태그플레이션[64]: 임금은 제자리였지만 주택과 토지 가격은 더 빠르게 상승, 부동산은 가치 저장 수단으로 기능.

---

64) 1970년대 미국은 두 차례 오일쇼크(1973, 1979년)와 함께 높은 인플레이션 + 낮은 성장률 + 높은 실업률이라는 "스태그플레이션(Stagflation)"에 직면했다.

- 1990년대 초 브라질·아르헨티나 초인플레이션[65]: 화폐 가치 폭락과 동시에 부동산·귀금속·외화 수요 폭증.
- 2021년 이후 터키[66]: 리라화 가치가 달러 대비 70% 이상 폭락했지만, 이스탄불 주요 주거지 가격은 리라 기준 폭등.

결론은 단순하다.

돈이 무너질 때, 사람들은 집으로 달려간다.

3. 한국의 자산 인플레이션

대한민국의 소비자물가상승률은 비교적 안정적으로 관리되었다. 그러나 자산 시장은 달랐다.

2017년부터 2021년까지 소비자물가상승률은 연평균 약 1.3%에 불과했다. 그러나 같은 기간 서울 아파트 30평형 평균 시세는 5.8억 원에서 12.6억 원으로 치솟아, 약 117% 상승했다.

생활물가는 안정된 듯 보였지만, 집값은 전혀 다른 궤적을 그리며 치솟은 것이다. 이는 화폐 가치와 실물자산 가치가 얼마나 괴리될

---

65) 브라질은 1980년대 후반~1994년 사이, 연평균 물가상승률이 수천 퍼센트에 달했다. 1990년 한 해 물가상승률은 2,000% 이상 기록했다. 아르헨티나는 1989~1990, 연간 인플레이션율이 3,000%에 육박했다.

66) 2021년부터 2023년 사이, 에르도안 정부의 비정통적 금리정책(물가가 올라가도 금리를 낮춤)으로 인해 리라화가 달러 대비 70% 이상 절하되었다.

수 있는지를 보여 주는 대표적 사례다.

이는 "명목 인플레이션은 낮아도, 자산 인플레이션은 따로 존재한다"는 사실을 보여 준다.

특히 대한민국에서 자산 인플레이션의 중심은 언제나 부동산이었다.

4. 금리와 유동성, 그리고 부동산

통화정책 측면에서도 설명은 가능하다. 기준금리 인하는 대출 확대 → 유동성 증가 → 자산 시장 유입이라는 메커니즘을 촉발한다.

· 금리가 낮을수록 채권·예금 수익률은 떨어지고
· 투자처를 찾지 못한 자금은 담보성과 수익성을 갖춘 부동산으로 이동한다.

저금리, 특히 장기 실질금리의 하락 추세는 실물자산, 특히 부동산을 중심으로 한 자산 포트폴리오에 대한 선호를 강화하는 구조적 요인으로 작용한다. BIS[67]는 "장기 실질금리가 지난 수십 년간 하강세

---

67) 국제결제은행, 스위스 바젤에 본부를 둔 국제 금융기구로, 전 세계 중앙은행들이 협력해 금융안정을 논의하는 조직.

를 보여 왔다"는 사실을 지적하며, 이러한 저성장·저금리 환경에서는 실물자산의 상대적 매력이 더욱 커지는 경향이 있다고 분석했다.

이러한 맥락에서, 부동산이 단순한 주거 수단을 넘어 가치 저장의 핵심 수단으로 자리 잡았다는 경제학적 해석은 단순한 설명이 아니라, 한국 사회에서 불가피하게 형성된 구조적 귀결이다.

부동산은 다른 어떤 자산보다 안정적인 축적 장치로 기능할 수밖에 없었다.

5. 부동산의 다층적 기능: 금보다 강하다

금은 가치 저장 수단이지만 현금흐름을 만들어 내지 못한다.

그러나 부동산은

· 실거주
· 임대를 통한 현금흐름
· 세제·상속 구조를 통한 자산 이전

의 모습으로 다층적으로 기능한다.

즉, 부동산은 단순한 투자재가 아니라 복합 자산이다. 장기 보유 시 변동성이 낮고 실체가 존재하는 고정 자산이라는 점에서, 불확실한 시대일수록 위험 회피 수단으로 선택된다.

6. 한국인의 뿌리 깊은 실물자산 선호

한국은행과 통계청의 2023년 가계금융복지조사에 따르면, 한국 가계 자산 중 무려 75.4%가 부동산으로 구성되어 있다. 이는 OECD 평균(55~60%)을 훨씬 상회하는 수준이다.

가계 재산의 구조가 얼마나 부동산에 집중되어 있는지를 단적으로 보여 준다.

이것은 단순한 투자 성향이 아니다.

· 금융시장의 불확실성
· 실질 마이너스 예금금리
· 거주와 자산 축적을 동시에 충족시키는 특성

이 세 가지가 결합해 한국 가계는 본능적으로 부동산을 선택한다.

따라서 인플레이션 환경에서 한국은 다른 어떤 나라보다 부동산으로 자금이 몰릴 가능성이 있다.

7. 재정 정책과 구조적 포퓰리즘

코로나19 이후 재난지원금, 지역화폐, 소비쿠폰 등 정부의 직접적 현금 이전은 일시적 정책이 아니라 상시적 제도로 자리 잡아 가는 흐름을 보여 주고 있다.

정치적 이유로 반복되는 현금 살포는 결국 시중 유동성을 증가시키고, 그 일부는 반복적으로 자산 시장으로 유입된다. 부동산은 이러한 유동성이 흘러가는 대표적 수혜처다.

한국은행은 「통화신용정책보고서」에서 코로나19 대응 과정에서의 완화적 통화·재정 정책이 가계대출 급증과 주택 가격 상승으로 이어지고 있다고 지적했다. 풍부한 유동성은 결국 실물자산, 특히 부동산 시장으로 흘러 들어가면서 가격 불안 요인으로 작용했다.

실제로 코로나19 시기 한국 부동산의 급등은 이 현상을 적나라하게 보여 주었다.

결론적으로 돈이 약해질수록 집은 강해진다.

화폐 가치가 흔들릴수록 사람들은 본능적으로 집을 찾는다. 집은 단순한 지붕이 아니라, 화폐의 무력화를 막는 최후의 방어선이다.

따라서 인플레이션 환경에서 부동산은 여전히 강력하다.

돈이 약해질수록, 집은 더 강해진다.

40장

구조적 억제가 만든
불균형

부동산 가격은 기본적으로 수요와 공급의 상호작용으로 결정된다. 그러나 대한민국의 현실에서 가격은 자유로운 시장의 산물이 아니라, 구조적 억제의 결과물에 가깝다.

도시계획, 국토 보전, 재건축·재개발 규제 등으로 인해 주택 공급은 만성적으로 부족했고, 이 부족은 가격의 하방을 떠받치는 강력한 기둥이 되었다.

즉, 대한민국의 부동산 가격은 단순한 수요 증가 때문이 아니라, 의도적으로 막힌 공급에서 비롯된 측면이 크다.

1. 강남 3구, 규제가 만든 가격의 요새

서울 강남 3구와 같은 고밀도 도심 지역은 신규 공급이 사실상 정체되어 있다.

용적률·층수 제한·이격거리, 규정은 재건축·재개발 사업의 경제성을 악화시키고, 인허가 절차와 조합 설립 요건 강화는 공급 속도를 더욱 늦춘다.

국내에서 준공된 정비사업장을 대상으로 한 조사에 따르면, 재건축은 평균 약 10년, 재개발은 약 10년 4개월이 걸린다고 한다. 그러나 이 수치는 어디까지나 '평균'일 뿐이다.

실제 현장에서는 훨씬 더 길어진다.

서울 강남 3구의 재건축 단지는 평균 15년 이상, 일부 단지는 무려 21년이 지나서야 겨우 준공에 도달했다는 조사도 있다. 서울 전체를 보더라도 행정 절차와 주민 갈등, 경기 변동이 얽히며 18년 이상 걸린 사례가 드물지 않았다.

이는 단순한 기간을 넘어, 한 세대가 자라나는 시간이 필요한 '거의 세월 단위의 프로젝트'임을 보여 주고 있다.

이렇게 공급이 늦어지는 동안, 수요는 한꺼번에 누적되고, 가격은 규제라는 이름의 방패 뒤에서 더욱 단단해진다.

2. 수도권, 녹지 보존과 그린벨트의 역설

국토교통부에 따르면, 수도권 내 아직 해제되지 않고 남아 있는 개발제한구역 면적은 약 1,424㎢에 달한다. 이는 지정 당시 면적의 상당 부분이 아직 보전되고 있음을 보여 주며, 사실상 수도권 발전 여지를 크게 제한하는 녹색 띠로 작동하고 있다.

이는 신규 택지 확보를 원천적으로 가로막는 구조적 장치다. 도시 외곽 개발은 인프라 비용, 접근성, 수요 부족으로 효과가 제한적이다.

결국 실질적인 신규 공급은 기존 시가지 정비사업에 의존할 수밖에 없으며, 그 경우 규제의 영향을 더욱 직접적으로 받는다.

3. 정부 정책, 계획과 현실의 괴리

공공 주도의 공급 확대 계획은 숱하게 발표되었지만, 실행은 현장에서 깊은 제동을 받았다.

· 3기 신도시 건설
· 공공 재개발
· 역세권 개발

2025년 6월 보도에 따르면, 3기 신도시의 착공률은 고작 6.3%에 불과했다. [68] 수년간 발표된 대규모 계획에도 불구하고 실제 실행은 지연되거나 축소된 것이다. 토지 보상 갈등, 주민 반대, 시장 상황 변화가 겹치면서 공급 목표와 결과 사이의 간극은 갈수록 커졌다. 공급의 의지는 분명했지만, 준공이라는 실질적 결과로 이어지지 못한 것이다.

정책의 청사진과 시장의 현실 사이에는 늘 깊은 골이 존재했다.

4. 공급 제약이 만드는 가격의 비탄력성

공급이 막힌 시장은 가격의 조정 기능을 잃는다. 수요가 조금만 늘어도 가격은 치솟고, 수요가 줄어도 가격은 좀처럼 내려가지 않는다. 이것이 바로 가격의 하방 경직성이다.

특히 선호도가 높은 지역일수록 이 현상은 더 강하게 나타난다.

서울·광역시 고가 아파트가 장기 상승세를 유지해 온 배경에는 단순한 인기뿐 아니라 공급의 비탄력성이 깊숙이 자리한다.

---

68) 3기 신도시는 2019년 지구 지정 당시, 2019~2028년을 사업 기간으로 설정하였다.

5. 인구 감소 속에서도 가격이 버티는 이유

통계청은 전국 인구는 줄어들지만, 수도권 가구 수는 오히려 증가할 것으로 전망하고 있다. 즉, 전체 인구는 줄어도 특정 지역 수요는 여전히 늘어난다.

따라서 인구 감소라는 거시적 변수에도 불구하고, 수도권과 핵심 입지에서는 가격이 단기적으로 조정되더라도 다시 회복되는 구조가 반복적으로 나타난다.

이는 단순히 "집이 몇 채 있느냐"가 아니라, 실제로 살 수 있는 집, 원하는 입지의 집이 얼마나 있느냐의 문제다.

결론적으로 규제가 불평등을 낳고, 불평등이 가격을 지탱한다. 대한민국의 부동산은 단순한 시장의 결과물이 아니다.

정부가 공급을 늘리겠다고 외칠수록, 현실은 규제와 갈등 속에서 더 막히고 왜곡된다.

이것이 바로 대한민국 부동산의 역설이다.

공급이 보여주기식 수치에 갇혀 있는 한, 가격은 결코 쉽게 무너지지 않는다.

41장

조세와 금융이 만든
가격의 기초체력

대한민국의 부동산 가격은 단순히 시장 참여자들의 선택이나 수급 균형만으로 설명되지 않는다.

정부 정책, 특히 조세와 금융 정책은 단순한 외부 변수가 아니라, 직접 수요를 만들어 낸 내적 요인으로 작동해 왔다.

즉, 정책은 규제가 아니라 수요를 생산해 내는 숨은 엔진이었다.

1. 세제 혜택, 매수 의지를 불러내다

실거주 1주택자에 대한 양도세 비과세, 장기보유특별공제, 취득세 감면 등의 세제 혜택은 매수자의 부담을 줄이고, 매수 결정을 실질적으로 자극한다.

2023년 기준 장기보유특별공제를 활용하면, 1주택자는 양도차익의 최대 80% 공제를 받을 수 있다.

이는 사실상 "집을 팔지 말라"는 신호이자, "부동산으로 돈 벌라"는 장기 투자 자산으로 각인시키는 장치다.

결과는 명확하다. 매도는 줄고, 매수는 늘어난다. 정책은 의도치 않게 가격 방어 장치로 기능했다.

2. 금융 정책, 시장 진입 장벽을 낮추다

금융 정책 역시 마찬가지다.

대출 규제는 상승기에는 수요 억제 장치였지만, 규제가 완화되는 순간 즉시 수요 촉발 장치로 변했다.

· LTV 완화

· DTI · DSR 예외 확대

· 보금자리론 · 디딤돌 대출 확대

이런 조치들은 가계의 자금 조달 능력을 높였고, 생애 최초 구입자 · 신혼부부 · 다자녀 가구의 진입을 적극 유도했다. 2022년 이후 규제 완화는 단순한 거래량 회복을 넘어, 새로운 수요 기반 확보로 이어졌다.

3. 정책이 만든 '기초 수요층'

정책은 단발적 부양책으로 끝나지 않는다. 저세율은 보유를 정당화하고, 저금리 완화는 매수를 촉발한다. 특정 집단 우대정책은 진입을 강제한다.

즉, 정책은 시장에 안정적 수요층을 구조적으로 끊임없이 심어 놓는 장치이자 도구였다.

4. 사회정책으로 확장된 부동산 정책

한국의 부동산 정책은 경제정책을 넘어 사회정책의 성격까지 띠었다. 청년·신혼부부·고령자 대상 금융 우대와 공급 연계는 단순한 주거복지가 아니라 시장 참여를 제도화한 메커니즘이었다.

2023년 국토교통부의 「주택금융 및 청년주거 지원 방안」에서 보금자리론 소득요건 완화, 청년 전세대출 보증 확대는 복지정책처럼 보이지만 실질적으로는 새로운 매수 수요 창출 정책이었다.

결론적으로 정책은 수요를 만들고, 수요는 가격을 떠받친다.

정책은 결코 중립적이지 않다.

· 세제 혜택은 매도를 억제하고

· 금융 완화는 매수를 촉진하며

· 사회 정책적 지원은 시장 진입을 강제한다.

　　정부가 가격을 직접 올리려 하지 않아도, 정책만으로 수요는 창출되고, 그 수요는 결국 가격을 떠받쳐 왔다.

　　이것이 바로 조세와 금융이 만든 대한민국 부동산의 기초체력이다.

42장

한국은
왜 다른가?

부동산 시장의 흐름을 논할 때, 우리는 종종 일본, 독일, 미국과 비교한다.

인구 감소와 고령화로 장기 불황을 겪은 일본, 임대 중심 사회를 유지하는 독일, 금융과 주식시장이 발달한 미국, 그러나 단순 비교는 위험하다.

한국은 이들 국가와 유사한 조건을 일부 공유하지만, 동시에 완전히 다른 궤적을 걷고 있기 때문이다. 이 특수성을 이해하지 못하면, 한국 부동산을 제대로 해석할 수 없다.

1. 일본과 닮았지만, 도쿄와는 또 다르다

많은 사람이 "일본처럼 한국도 무너질 것"이라고 말한다. 실제로 한국 지방 도시는 일본 지방과 닮아 간다. 인구가 빠지고, 빈집이 늘고, 가격이 하락한다.

그러나 서울·수도권은 다르다. 일본의 도쿄가 그랬듯이, 고용·문화·자본이 집중된 메가시티는 지방의 몰락과 별개로 오히려 가격이 유지되거나 상승한다.

즉, "대한민국 전체의 하락"과 "서울 핵심의 상승"은 동시에 일어날 수 있는 이중 구조다.

2. 독일과 달리, 한국은 소유에 집착한다

독일은 임대 중심 사회다.

자가 보유율이 50% 미만이고, 임대차 보호법이 강력하게 작동한다. 그러나 한국은 정반대다. "내 집"은 단순한 주거가 아니라, 자산 축적·계층 상승·자녀 교육의 보증수표로 여겨진다.

서울 강남 3구를 중심으로 한 '학군 프리미엄'은 독일 사회에서는 존재하지 않는 현상이다.

집을 소유하지 못하면 사회적 경쟁에서 뒤처진다는 불안감이, 한국의 수요를 끊임없이 자극한다.

3. 미국처럼 금융 발달, 그러나 훨씬 더 편중됐다

미국은 주택과 주식이 중산층 자산의 양대 축이다. 그러나 한국은 금융자산 비중이 현저히 낮고, 가계 자산의 70% 이상이 부동산에 묶여 있다.

즉, "집이 곧 재산"이라는 구조가 미국보다 훨씬 더 강하다.

미국은 주식으로도 부를 축적할 수 있지만, 한국은 집이 아니면 기회가 없다는 불안 심리가 작동한다.

이 불균형은 가격 하락기에도 집단적 매수 심리를 유지시키는 배경이 된다.

4. 한국만의 구조적 요인들

한국이 다른 나라와 다른 이유는 단순히 문화적 집착이 아니다. 제도적·역사적 요인이 촘촘히 얽혀 있다.

- 학군제와 입시 구조 - 강남 아파트가 '교육 프리미엄'을 통해 가격을 유지한다.
- 수도권 집중 - 인구 절반, 고용 55%, 대기업 본사 80% 이상이 수도권에 몰려 있다.

- 정책적 유인 - 양도세 비과세, LTV 완화 등 정부 정책이 반복적으로 수요를 자극한다.
- 역사적 학습효과 - 고도성장기와 자산 폭등기를 겪으며 "집값은 언젠가 오른다"는 집단적 신념을 고착화한다.
- 사회적 안전망의 취약성 - 연금 불신, 고용 불안, 교육 집착이 집을 '유일한 보험'으로 만든다.

이 다섯 가지 요소가 결합되어, 한국은 세계적으로 보기 드문 '부동산 집착 사회'로 자리 잡았다.

5. 한국은 일본도, 독일도, 미국도 아니다

일본처럼 지방은 무너질 수 있다.

독일처럼 임대 중심 사회로 갈 수도 있다.

미국처럼 집이 여전히 중산층의 안전망일 수도 있다.

그러나 한국은 그 어느 나라도 아니다. 한국은 오직 한국일 뿐이다.

이 특수성은 곧 "대한민국의 부동산은 끝났다"라는 단순한 결론을 불가능하게 만든다.

붕괴와 시작, 두 개의 길이 공존하는 이유가 바로 여기에 있다.

43장

일자리 집중과
도시 프리미엄

부동산 가격은 단순히 인구수나 주택 수의 문제가 아니다.

경제 활동이 어디에 모여 있느냐, 기능이 어디에 집중되어 있느냐가 훨씬 더 결정적이다.

특히 대한민국처럼 일자리, 교육, 의료, 문화, 행정이 수도권에 집약된 구조에서는, 도심의 주거 수요가 끊임없이 재생산된다. 이 수요는 일시적 변수가 아니라 구조적 수요이며, 그것이 곧 도심 부동산 가격의 기초체력이다.

1. 대한민국은 메가시티 국가다

대한민국은 전형적인 중앙집중형 국가다.

2023년 통계청 자료에 따르면 수도권은 전국 인구의 약 50.7%, 취업자의 절반 이상을 차지한다. 대기업 본사 또한 압도적으로 서울에 몰려 있어, 정치·경제·문화의 권력이 수도권에 과도하게 집중되는 구조가 정착되어 있다.

이것은 단순한 인구 밀도가 아니다.

수도권은 경제·행정·문화의 복합적 중심지이며, 그 자체가 거대한 메가시티[69](Megacity)다.

결국 수도권의 집값은 단순한 공급 부족이 아니라, 국가 전체의 기능 집중도에서 비롯된 불가피한 결과다.

2. 고소득 일자리와 직주근접 수요

도심 핵심지에는 고소득 전문직과 첨단산업 일자리가 집중되어 있다.

---

[69] UN(유엔)의 기준으로는 인구 1천만 명 이상이 거주하는 도시를 의미한다. 학문적으로는 단순히 인구만이 아니라, 도시의 네트워크 기능·경제 규모·세계적 위상까지 고려한다. 서울은 행정구역 자체로는 950만 명 수준이지만, 수도권 전체(서울·인천·경기)를 합치면 약 2,600만 명이 모여 있어, 세계 최대 규모의 수도권형 메가시티로 분류된다. 최근 정책에서 "메가시티"라는 단어는 단순히 인구 1천만 도시를 뜻하기보다, 부산·울산·경남권이나 대구·경북권처럼 인접 지역을 하나의 생활·경제권으로 통합하려는 전략적 개념으로도 사용된다.

- 강남권: IT · 금융 · 의료 · 학원 프리미엄
- 여의도: 증권 · 투자기관
- 종로 · 마포: 언론 · 컨설팅 · 창의 산업[70]

이 일자리에 종사하는 고소득층은 직주근접을 선호하며, 이는 해당 지역의 지속적 주거 수요로 이어진다.

이 수요는 단순한 투기 수요가 아니다.

"내 삶과 직장이 가까워야 한다"는 구조적 수요이며, 이는 가격의 하방 경직성을 설명하는 핵심 요인이다.

3. 재택근무 이후, 다시 도심으로

코로나19 팬데믹은 한때 도심의 소멸을 이야기하게 하였다. 그러나 2022~2023년 서울 주요 오피스 임대 수요와 거래량은 팬데믹 시기보다 뚜렷한 회복세를 보였다.

왜냐하면 창의성과 협업이 필요한 고소득 일자리일수록 물리적

---

70) 창의 산업(Creative Industry)은 지식 · 창의력 · 문화적 아이디어를 핵심 원천으로 삼는 산업을 말한다. 예전 제조업처럼 공장에서 물건을 찍어 내는 게 아니라, 사람의 아이디어 · 상상력 · 콘텐츠가 부가가치를 만들어 내는 산업이다. 보통 국제기구에서 정의하는 창의 산업에는, 콘텐츠 · 미디어(방송, 영화, 음악, 게임, 출판), 디자인 · 패션(산업디자인, 그래픽, 패션, 광고), 예술 · 문화(공연예술, 미술, 건축), 디지털 기반 산업(소프트웨어, 애니메이션, 웹툰, AR/VR) 등이 있다.

근접성을 요구하기 때문이다. 네트워크는 일을 대신할 수 있지만, 혁신은 여전히 얼굴을 마주해야 탄생한다.

따라서 재택근무의 확산은 도심 수요를 잠시 흔들었을 뿐, 구조적 도심 집중을 바꾸지 못했다.

4. 도심 주택의 프리미엄, 단순 거주가 아니다

도심 주택은 그 자체로 하나의 프리미엄 패키지다.

· 최상위 교육 인프라
· 문화 · 여가 접근성
· 교통 편의성
· 커뮤니티와 브랜드 가치

이 비가격적 요소들은 신규 공급으로 대체할 수 없다. 결국 입지 프리미엄은 기존 도심만이 제공할 수 있는 희소 자원이며, 가격을 끌어올리는 지속적 요인이 된다.

5. 청년층의 수도권 유입, 미래 수요의 씨앗

통계청·한국고용정보원 자료에 따르면 최근 5년간 20~30대 고학력자의 수도권 유입은 꾸준히 증가하고 있다.

이는 단순한 주거 선택이 아니라,

· 고용 접근성 확보
· 생애주기별 자산축적 전략
· 미래 기회와 네트워크 확보

라는 목적을 가진 전략적 이주다.

즉, 청년층의 수도권 집중은 단순한 유행이 아니라, 미래 도심 수요의 씨앗이다.

도시는 기능이 있는 한 사라지지 않는다

도시는 단순히 사람들이 모여 사는 공간이 아니다.

그것은 일자리·기능·정체성이 응축된 구조이며, 바로 그 구조가 가격을 지탱한다.

도심 프리미엄은 일시적 거품이 아니다.

기능이 만드는 구조적 현상이다.

그리고 이 프리미엄은 인구 감소 속에서도 꺼지지 않고, 오히려 더 강해질 수 있다.

44장

세대 간 이전이 만든
부동산 가격의 관성

고령화는 단순한 인구 구조 변화가 아니다.

그것은 자산 보유 구조의 근본적 변화를 의미하며, 부동산 시장에서는 수요·공급 구조를 장기적으로 비틀어 버리는 힘으로 작용한다.

특히 대한민국은 고령층 자산의 압도적 비중이 부동산에 쏠려 있다.

이 부동산이 상속·증여를 통해 다음 세대로 이전되는 과정은, 단순한 자산 이동이 아니라 시장 가격의 하방 경직성을 강화하는 장치로 기능한다.

1. 고령층 자산의 80%는 집과 땅이다

2030~2040년 사이, 베이비붐 세대(1955~1963년생)의 대규모 상

속과 증여가 시작될 것임을 쉽게 예측할 수 있다.

즉, 한 세대가 축적해 온 아파트·주택·토지가 한꺼번에 다음 세대로 넘어가는 시점이 도래하는 것이다.

2. 매물로 나오지 않는 부동산

중요한 점은, 이 자산이 시장에 "팔려 나오는" 경우가 드물다는 것이다. 대부분은 매도보다는 증여나 상속을 통한 이전으로 귀결된다.

고령층은 본래 거주 이전이 적고, 세제 변화에 대응하기 위해 미리 증여·공동명의를 활용하는 경우가 많다.

2022년에는 부동산 관련 증여세 신고 건수가 2018년 약 14만 5천 건에서 21만 5천 건으로 약 1.5배 뛰었다. 이는 주택 가격 상승과 함께 증여 규모가 커진 현상을 반영한 수치다.

특히 수도권 고가 아파트 등 특정 자산에서 가족 간 소유권 이전이 급증했다는 분석도 나오는데, 이는 정량화된 조사보다 세무 조사 사례와 언론 보도를 통해 실감할 수 있는 경향적 흐름이다.

이는 곧, 시장에 유통될 매물이 줄어든다는 뜻이다. 즉, 인구 감소에도 불구하고 가격 하락을 유발할 공급 증가는 실현되지 않는다.

3. 젊은 세대의 장기 보유 심리

상속이나 증여를 통해 부동산을 확보한 젊은 세대는 급매할 이유가 없다. 그들은 대출이자나 매수 비용의 압박이 크지 않으므로, 오히려 장기 보유를 선택한다.

이로 인해 시장의 유동성은 더욱 경직되고, 가격 하락 압력이 약해진다.

게다가 부의 세습은 일정 수준 이상의 자산 가구에 집중되므로, 고가 주택 시장은 상속을 통해 가격 유지 또는 상승 요인을 얻게 된다.

4. 상속 자산은 왜 쉽게 팔리지 않는가

상속받은 부동산은 현금화되기보다는 보유 유지 전략으로 귀결되는 경우가 많다.

· 직접 거주
· 임대수익 창출
· 후대 재증여 계획

이처럼 부동산은 단순한 집이 아니라, 세대를 이어 자산을 축적하는 도구로 기능한다. 결국 상속은 시장의 매물로 전환되지 않고, 공급 확대 효과를 차단한다.

가격의 관성은 세대교체에서도 유지된다.

인구 감소만으로는 가격 하락을 설명할 수 없다. 이 메커니즘을 간과하면, 한국 부동산 시장의 미래를 읽을 수 없다.

45장

국경을 넘어 들어오는 수요

부동산 시장은 내국인만의 전유물이 아니다. 자본은 국경을 넘고, 그 자본은 서울·부산·제주 같은 특정 지역의 집값을 떠받치는 힘이 된다.

이제 한국의 부동산은 단순한 주거 자산이 아니라, 글로벌 자산 시장의 일부다.

외국인과 해외 기관투자자의 매입은 단순히 거래량을 늘리는 것이 아니라, 시장 구조를 바꾸는 장기적 수요 요인으로 작동하고 있다.

1. 외국인 취득, 눈에 띄게 증가

외국인의 국내 부동산 거래가 눈에 띄게 늘고 있다. 국토교통부와 한국부동산원의 집계에 따르면, 외국인 주택 취득 건수는 2022년 약 4,568건에서 시작해, 2023년에는 약 6,360건, 2024년에는 7,300건 안팎으로 증가했다. 연평균 거래 건수는 26% 이상 확대된 셈이다.

특히 수도권 고가 아파트를 중심으로 외국인 수요가 커지면서, 시장 내 외국인 존재감은 점차 실질적인 압력으로 작용하고 있다.

서울 강남·송파·용산, 부산 해운대, 제주 서귀포는 이미 '외국인 투자 지도' 위에 찍혀 있는 지역이다.

이 지역에서는 고가 아파트와 상업용 부동산에서 외국인 비중이 꾸준히 늘고 있다.

즉, 글로벌 자본은 한국의 특정 입지를 안전한 투자처이자 자산 증식의 수단으로 인식하고 있다는 뜻이다.

2. 왜 한국인가? — 안정성과 제도

외국인의 국내 투자 목적은 다양하다.

· 실거주 및 자녀 유학
· 장기 체류 기반
· 순수 투자와 자산 분산

그러나 공통점은 하나다. 정치적 안정성과 법적 안전장치가 보장된 시장을 찾는다는 것이다.

글로벌 경제 불확실성이 커질수록, 한국은 오히려 안정적 투자처로 인식되어 가는 것이다. 부동산 투자이민제도 같은 정책은 외국인의 접근성을 높여 주었고, 이로 인해 단순한 내수 수요가 아니라 국제적 수요가 참여하게 되었다.

3. 환율과 금리 차, 기회가 된다

원화 약세는 외국인에게 '할인된 가격'으로 보인다. 2022~2023년 원·달러 환율이 상승하던 시기에 외국인 매입 건수도 동반 증가했다.

그들은 단순히 집을 사는 것이 아니라, 환차익까지 고려한 전략적 투자를 한다. 글로벌 금리 차 역시 같은 맥락에서 작동하며, 특정 시점의 자본 흐름을 한국 부동산으로 이끈다.

4. 글로벌 기관 자본, 도심의 핵심 자산을 사들인다

외국인 투자는 개인에만 국한되지 않는다. 글로벌 자산운용사와 해외 펀드들은 이미 한국의 상업용 오피스, 물류센터, 데이터센터를 포트폴리오에 담고 있다.

외국계 자본은 한국 상업용 부동산 시장에서도 확실한 존재감을 드러내고 있다. CBRE[71] 분석에 따르면 2024년 외국계 자본의 국내 상업용 부동산 투자액은 약 3조 8천억 원으로, 전년 대비 20% 이상 증가했다.

이제 서울의 A급 오피스 빌딩은 단순히 국내 자산이 아니라 국제적 투자 자산이다.

외국인의 선택은 해당 지역 자산 가치의 국제적 인정을 의미한다. 즉, 그 지역은 단순한 국내 시장이 아니라 세계 투자 지도의 일부로 편입된다.

결론적으로 외국인 수요는 가격의 또 다른 기초체력이 되는 것이다. 외국인과 글로벌 자본의 유입은 단순한 일시적 흐름이 아니다.

그것은 한국 부동산 가격을 지탱하는 또 하나의 구조적 수요 요인이다.

내수만으로는 설명되지 않는 가격의 끈질긴 하방 경직성, 그 배후에는 국경을 넘어 들어오는 자본이 자리 잡고 있다.

---

71) 미국 텍사스주 댈러스에 본사를 둔 세계 최대의 부동산 서비스·컨설팅 기업이다. 상업용 부동산 매매·임대, 자산관리, 투자자문, 리서치 등을 주요 사업으로 하며, 전 세계 100여 개국에 지사를 두고 있다. 포춘 500대 기업에도 이름을 올린 글로벌 기업이다.

46장

사는 곳에서
사는 방식으로

부동산 수요는 단순히 집의 개수를 채우는 문제가 아니다. 소득과 자산이 일정 수준 이상 축적된 사회에서는, 주거는 생존의 수단을 넘어 삶의 질과 정체성을 드러내는 무대로 전환된다.

한국 사회는 이미 이 단계에 진입했다.

이제 집값을 결정하는 기준은 "어디에 사느냐"를 넘어 "어떻게 사느냐"로 이동하고 있다.

바로 이 지점에서 부동산의 프리미엄화 현상이 폭발적으로 가속화된다.[72]

---

72) 영국 경제학자 프레드 허쉬(Fred Hirsch)가 제시한 포지셔널 굿(Positional Goods) 이론은 이 점을 잘 설명한다. 포지셔널 굿이란 단순한 사용가치보다 남과의 비교·희소성·사회적 지위에서 효용이 발생하는 재화를 뜻한다. 명문대 졸업장, 특정 입지의 부동산, 고급 브랜드 등이 이에 해당한다. 공급이 늘어나도 상대적 가치는 여전히 한정적이므로, 경쟁과 불평등은 더욱 심해진다는 것이다. 즉, 한국 사회에서 아파트는 전형적인 포지셔널 굿이다. 사람들은 "살기 위해"라기보다 "남하고 비교하기 위해" 집을 사고, 가

1. 프리미엄 주택, 단순한 집이 아니다

오늘날 고급 주거 공간은 단순히 넓거나, 마감재가 비싼 집이 아니다.

- 공간구성
- 조망
- 커뮤니티 시설
- 브랜드
- 디자인
- 보안 시스템

이 모든 요소가 합쳐져 '프리미엄 가치'를 만든다. 소비자는 이 집을 통해 단순히 잠자는 것이 아니라, 자신의 라이프 스타일과 사회적 지위를 표현하는 것이다.

서울 강남권과 주요 도심 신축 아파트에 대한 수요가 단순한 투자 목적이 아니라, 프리미엄 소비 욕망에서 비롯된다는 사실이 이를 증명한다.

격 상승 신화는 이러한 심리를 끊임없이 강화한다. 그렇기에 부동산 시장은 단순한 수요·공급 논리 이상으로, 지위 경쟁의 장(場)이라는 성격을 띤다.

2. 중산층도 "프리미엄"을 원한다

프리미엄 주거는 부유층만의 전유물이 아니다.

중산층 역시 상승 지향적 소비를 통해 같은 욕망을 드러낸다. 전세로라도 프리미엄 입지에 들어가려는 수요가 넘친다. 월세로라도 브랜드 단지의 커뮤니티를 경험하려는 수요는 꾸준하다.[73]

이러한 욕망은 특정 지역과 단지에 수요를 과밀화시키며, 결과적으로 실거래가와 임대료를 함께 끌어올리는 구조적 힘이 된다.

3. 기술이 만든 새로운 프리미엄

기술 발전은 프리미엄화를 더욱 가속화한다.

스마트홈, AI 기반 설비, 친환경 건축자재, ESG 인증 단지 등은 고급 주택의 새로운 표준이 되고 있다.

국토교통부(2023)에 따르면, 서울 내 분양가 상위권 아파트 대부분이

---

73) 필자는 이 논리를 통해 강남 지역의 부동산 가격을 설명한다. 강남이 주거 위계의 정점에 머무르는 이유는 단순한 자산 가치가 아니다. 교통·인구·업무·문화 인프라가 집중된 입지적 특성이 지속적인 이주 수요를 발생시키고, 이 수요가 다시 프리미엄 주거의 가격을 정당화하며 가격의 위계를 고착화한다고 보는 것이다.

- 스마트홈
- 커뮤니티 AI 서비스
- 제로 에너지 건축 인증

을 갖추고 있었다.

즉, 기술은 프리미엄의 필수조건이 되었고, 이는 다시 가격에 반영된다.

4. 양극화는 더 심해진다

문제는 이 프리미엄 수요가 도심과 입지 우위 지역에 집중된다는 점이다. 같은 도시의 공급이라도, 입지·브랜드·커뮤니티의 차이에 따라 시장 반응은 극단적으로 갈린다.

결과적으로 고가 단지의 시세는 더욱 견고해지고, 일반 주택과의 격차는 확대된다. 이는 시장 양극화를 구조적으로 심화시키는 메커니즘이다.

집은 '사는 곳'에서 '사는 방식'이 되었다.

주거는 단순히 머무는 공간이 아니라 사회적 기호와 소비적 정체성을 반영하는 상징이 되었다.

이제 집값을 결정하는 것은 평수나 위치만이 아니다. "나는 어떤 방식으로 살고 싶은가"라는 질문이 곧 가격을 정한다.

이는 부동산 시장의 새로운 질적 변화다.

앞으로의 시장은 양적 공급 경쟁이 아니라, 삶의 질·브랜드·커뮤니티 가치를 중심으로 재편될 것이다.[74]

---

74) 아파트 가격에서 브랜드와 커뮤니티의 영향은 다수의 실증 연구에서 반복적으로 확인된다. 연구들에 따르면 브랜드는 단순한 시공사 효과를 넘어 단지의 이미지·사용자 커뮤니티·프리미엄 커뮤니티 시설이 가격 형성에 통계적으로 유의한 영향을 미치는 것으로 나타났다(이문숙·허종호·박승배, 2011; 강요명·서정렬, 2020; 박승배 외, 2007; 김규석 외, 2023).

47장

부동산에 대한
한국인의 집착 구조

한국 사회에서 부동산은 단순한 재화가 아니다. 그것은 생존의 안전망, 자산 축적의 수단, 사회적 지위의 상징, 나아가 정체성의 하나다.

이 집착은 개인의 선택을 넘어, 제도·문화·역사·심리적 조건이 얽혀 만들어 낸 구조적 현상이다.

그 결과, 한국 사회에는 부동산 가격이 오를 것이라는 집단적 믿음이 견고하게 자리 잡고 있다.

1. 자산의 70%가 집과 땅

한국 가계 자산은 실물자산에 집중돼 있으며, OECD 주요국 평균보다 15~20%포인트 높은 수준이다.

즉, 한국인은 금융자산보다 실물자산, 그중에서도 부동산을 압도적으로 신뢰한다. 다른 투자수단에 대한 불신이 깊다는 의미이기도 하다.

2. 제도가 만든 집착

부동산 집착은 제도적 환경과 맞물려 강화되었다.

· 고속 성장기마다 반복된 부동산 가격 폭등
· 학군제도와 교육 경쟁
· 연금제도의 불완전성
· 지역 기반 정체성

이 모든 요소가 부동산을 삶의 전략 자산으로 각인시켰다. 특히 서울·수도권 핵심 입지는 단순한 주거지가 아니라, 사회적 경쟁의 무대가 되었다.

"좋은 집 = 좋은 학교 = 좋은 미래"라는 공식은 집값을 단순한 소비재가 아닌 계급 상승의 도구로 만든다.

3. 심리적 집착 — 내 집은 곧 나다

'내 집'은 단순한 공간이 아니다.

그것은 소속감, 자존감, 미래 안정성의 상징이다.

주식이나 채권은 눈에 보이지 않지만, 부동산은 토지와 건축물로 실체를 확인할 수 있는 자산이다. 이 실체는 사람들에게 강력한 소유의 실감을 준다.

특히 저금리·저성장 시대에, 부동산은 "안전하다"는 인식이 강화되었고, 이는 곧 집단적 수요를 떠받치는 심리적 기반이 되었다.

4. 정책마저 무력화하는 집착

이러한 집착은 정책 효과를 제한한다.

보유세 강화, 다주택 규제 등은 단기적으로 거래를 위축시킬 수 있지만, 근본적인 수요 억제에는 한계가 있다.

왜냐하면 한국인에게 부동산은 단순한 수익 수단이 아니라 생애 전략과 사회적 지위 그 자체이기 때문이다.

따라서 가격이 하락해도, 사람들은 이렇게 말한다.

"기다리면 오른다."

이 집단적 기대심리가 곧 가격 하방 경직성을 만드는 장치다.

부동산에 대한 집착은 구조다.

한국인의 부동산 집착은 개인의 탐욕 때문이 아니다. 그것은 역사적 경험, 제도 설계, 사회적 압력, 심리적 안정 욕구가 만들어 낸 구조다.

이 집착은 시장의 회복 탄력성과 저항성을 설명하는 가장 크다고 할 수 있는 시장 변수다.

그리고 우리는 부동산을 전망할 때 단순히 수요·공급만 볼 것이 아니라, 이 집착 구조를 함께 분석해야 한다.

3부

대한민국 붕괴

1부는 숫자와 데이터, 제도와 정책을 통해 '부동산 신화가 어떻게 무너져 가는가'를 분석했다. 이어 2부에서는 반대로 부동산이 다시 반등할 수 있다는 시각과 가능성을 검토했다. 그러나 어떤 분석도 끝내 다 담아내지 못하는 영역이 있다. 그것은 통계와 논리를 넘어, 부동산 불패 신화가 끝난 이후의 세계를 살아가는 인간의 체험과 내면이다.

그래서 3부에 한 편의 짧은 소설을 덧붙인다.
부동산 신화가 무너진 후의 세계, 인류와 AI가 뒤섞이며 인간의 의미가 흐려진 미래를 상상한 이야기다.

이 단편은 역사적 사실이 아니라 문학적 상상이다. 그러나 때로 상상은 분석보다 더 냉혹하고 깊은 울림으로 다가온다.

봄이었다. 그러나 꽃은 피지 않았다.

옛날의 봄은 벚꽃이 거리를 덮고, 연인들이 손을 잡고 웃으며, 가족들이 공원에 돗자리를 펼치던 계절이었다. 그러나 2055년의 봄은 달랐다. 회색 안개가 도시를 뒤덮고, 고층 아파트들은 삶을 품지 못한 빈 껍데기처럼 하늘에 서 있었다.

나는 아흔 살, 아직 살아 있다는 사실이 오히려 낯설다. 삶은 조용해졌고, 말은 줄었으며, 들을 귀는 사라졌다. 남은 건 침묵뿐, 침묵은 이제 내 유일한 친구였다.

서울은 지도 속 이름으로만 남아 있었다. 강남은 오래전에 상징을 잃었고, 여의도엔 국회도 증권가도 사라졌다. 그 자리를 차지한 것은 외국계 블록체인 기업의 거대한 스마트 돔이었다. 한국 정부의 흔적은 보이지 않았다.

2044년, 대한민국은 외환 지급불능을 선언했다. 그러나 그 붕괴는 한국만의 문제가 아니었다. 전 세계 50여 국가들이 연쇄적으로 무너졌고, 세계는 결국 단일국가 체제로 수렴되었다. 국가의 경계선은 ASI가 세계의 네트워크를 장악하면서 자연스럽게 사라졌다. 그 전에 가상화폐가 통합되었고, AI 이어폰으로 언어의 장벽마저 사라졌다. 국가는 경계로 존재하지 않았고, 대한민국은 그렇게 세계 연합,

바벨의 관리 체제에 흡수되었다.

나는 한때 교수였다. 강의실에서 부동산 경제를 가르쳤고, 정부의 자문을 맡기도 했다. 불과 30년 전 학생들에게 말하곤 했다.

"도심 인근의 소형 아파트는 반드시 오른다."

그러나 지금 그 아파트의 가치는 금전적 의미를 잃었다. 사겠다는 이조차 없다. 집은 자산이 아니라, 기억이자 무너진 자존심의 잔해일 뿐이다.

인간은 AI에게 노동을 빼앗겼고, ASI에게 권력을 넘겼다. 불과 20년 사이에 일어난 일이었다. 배급소 앞에서 한 노인이 줄에 서 있다가 그대로 쓰러졌다. 누구도 부축하지 않았다. 모두가 자기 몫의 배급을 지키는 데 급급했다. 공허함은 젊었을 시절에 철학이었으나, 지금은 일상이 되었다. TV는 꺼졌고, 신문은 멈췄으며, 거리에 상점은 없다.

아이들은 사라졌고, 노인들만이 자율 드론이 내려놓는 캡슐을 기다린다. 나에게는 아직 남은 코인이 있어 줄을 서지 않는다. 그러나 음식엔 맛이 없고, 하루엔 의미가 없다.

한때 사회는 부동산이 가진 자와 못 가진 자를 나누는 잣대였다. 아파트 한 채가 계급을 결정했다. 그러나 부동산의 종말은 불평등을 없애지 못했다. 기준은 토지에서 가상화폐로 옮겨 갔을 뿐이었다.

나는 곰팡이 밴 매트리스에 몸을 눕히며 이렇게 기록했다.

"나는 부동산으로 시작된 세계에서 태어났고, 부동산의 끝에서 죽어간다. 그러나 모든 신화에는 끝이 있다. 대한민국 부동산의 신화는 한순간에 무너졌다. 금리, 인구, 노동, 제도, 윤리, 기술…, 차례로 붕괴하며 시장을 삼켰고, 사람들은 뒤늦게 알았다. '집값'에 거품이 끼면서, 삶의 가치는 이미 오래전에 추락했다는 것을, 나는 한 시대의 종말을 목격했다."

종말은 늘, 또 다른 세계의 서곡이었다.

그렇다면 이제 질문은 하나다.

"부동산 이후의 사회에서, 우리는 무엇으로 존재를 증명할 것인가?"

여기서 한 노교수의 기록은 끝난다. 그러나 세월은 흘렀고, 그 뒤 또 다른 기록이 이어졌다.

서울은 서울이 아니었다. 옛날에 대한민국이라 불리던 땅에 남은 인구는 850만, 그 절반이 칠십을 넘긴 노인이었고, 그 사이에 17만의 융체 인간이 있었다. 그들은 인간도, AI도 아니었다. 인간의 뇌와 ASI가 결합 된 존재였다.

집은 여전히 있었으나, 그 안에 살 사람은 없었다. 도시 외곽은 전쟁이 지난 폐허처럼 고요했고, 바람은 먼지와 녹슨 철 냄새만을 실어 날랐다.

2050년 이후, 사람들은 노동에서 완전히 배제됐다. AI가 산업을 장악했고, AGI는 행정을 대체했으며, ASI는 세계 질서를 새로 짰다. 한때 천 명이 필요했던 일은 이제 한 명의 관리와 수천 개의 알고리즘으로 돌아갔다. 인간은 더 이상 생산경제의 주체가 아니었다.

굶주림은 없었다. 세계 연합, 바벨이 지급하는 기본소득이 최소한의 생존을 보장했다. 쌀과 전기, 통신과 기초 의료, 그러나 그 이상은 없었다. 풍요의 종말 이후, 인간은 "존재만을 유지하는 생명체"로 남았다.

도시 중앙 투명한 돔 안에서 소수만이 살았다. 그곳은 '엘리트 존'이라 불렸다. 방탄유리 벽과 자율 드론이 경계를 지켰고, 그 안에는 생체 유전자 편집자, 도시 네트워크 설계자 등 소수의 사람과, 융체 인간이 거주했다. 돔의 심장에는 ASI 코어가 자리했고, 사람들은 죽은 신이 아닌 살아 있는 신을 숭배했다.

돔 밖의 사람들은 그림자가 되었다. 아파트 복도에는 붉은 NPR (Non-Productive Resident; 비생산 거주자) 표시가 붙었고, 며칠 뒤 그 집의 노인은 사라졌다. 누구도 묻지 않았다.

9년 전의 폭동으로 남편과 두 아이를 잃고 홀로 살아남은 연희는 1987년생이다. 이제 113세, 그녀는 전기가 끊긴 압구정 공공임대 14층에서 홀로 지냈다. 매일 계단을 오르는 숨은 희미했고, 몸은 그림자 같았다. 손에는 버려진 도서관에서 주운 루소의 『인간 불평등 기원론』이 들려 있었다.

"이 땅은 내 것이다."

그 문장에서 인류의 불평등이 시작되었다고 했다. 그러나 지금, 땅은 의미가 없었다. 소유의 단위는 토지에서 데이터로 옮겨 갔고, 불평등은 암호 지갑의 잔고와 접속 권한에서 결정되었다.

밤이 오자 정부는 전력을 더는 보조하지 않겠다고 공지했다. 그녀의 집은 곧 냉기와 어둠에 잠길 터였다. 연희는 가방에 책과 사진 몇 장을 넣고 지하철역을 향해 걸었다. 어디로 향하는지 알 수 없는 발걸음이었다.

2100년의 사람들은 인공장기의 교체로 죽지 않았다. 죽음은 선택이었다. 그러나 살아 있는 것도 아니었다. 그들은 기다리고 있었다. 새로운 계약, 새로운 사회, 새로운 공간, 언젠가 ASI가 인간의 필요를 다시 선언해 줄 그 순간을, 그러나 아무도 묻지 않았다.

마지막 질문이 남았다.

"우리는 정말, 여전히 이 땅에 살아 있는 것인가?"

그리고 이 질문은, 지금 이 글을 읽는 당신에게 남겨졌다.

에필로그

부동산은 오랫동안 한국 사회의 신화였다.

집은 단순한 공간이 아니라 자산이었고, 자산은 곧 신분이었으며, 사람들은 그 소유를 통해 안정을 보장받고자 했다.

오르기만 하는 가격은 불안정한 노동의 보상처럼 여겨졌고, 집은 곧 인생의 경로가 되었다.

그러나 지금, 그 신화는 균열을 마주하고 있다.

인구는 줄고, 도시는 텅 비며, 수요는 사라지고 있다. 한때 영원히 오를 것 같았던 부동산은 모두에게 유효한 해답이 아닌 세상이 오는 중이다.

이제 우리는 또 다른 질문을 마주한다.

"이 모든 구조가 해체된다면, 그다음은 무엇인가?"

"정말로 집값은 다시 오를 수 없는가?"

"만약 오를 수 있다면, 그 조건은 무엇인가?"

이 책은 두 개의 시선을 제시했다.

하나는 무너지는 구조에 대한 냉정한 통찰이고, 다른 하나는 여전히 작동 가능한 메커니즘에 대한 논리적 가능성이었다.

그리고 마지막은, 우리가 감히 상상조차 꺼려 했던 암울한 미래, 집은 남고 사람이 사라진 대한민국의 이야기였다.

결국 이 책은 '집값'을 말한 것이 아니다.

우리가 어떤 공간에 살고, 어떤 시스템 속에서 존재하며, 어떤 사회를 다음 세대에 넘겨줄 것인가를 묻는 시도였다.

부동산이라는 신화는 끝났을 수도 있다.

혹은, 다시 시작되고 있을 수도 있다.

무너지는 현실 앞에서 방관하거나 회피하는 대신, 우리는 지금부터 묻고, 설계하고, 상상해야 한다.

집값의 방향보다 더 중요한 것은, 우리가 어떤 삶을 살고 싶은가이다. 투자의 목적이 아니라, 존재의 방식으로서 공간을 다시 정의해야 할 때다.

공간은 기억이며, 공동체이며, 생존 그 자체이기 때문이다.

지금 우리는 끝에 와 있다.
그러나 그 끝이, 시작일 수도 있다.

그 시작은 정책이 아닌, 우리 모두의 선택으로부터 출발해야만 한다.

개인적 고백을 독자들에게 해 보고자 한다.
나는 오랜 시간 데이터를 들여다보고, 정책을 분석하며, 시장의 흐름을 따라 부동산 사업을 하였다. 그리고 대학교에서 강의도 하였다.
내 마음은 '끝'이라는 결론에 조금 더 가까이 기울어 있다. 하지만 글을 덮는 이 순간, 나는 독자에게 그 결론을 강요하고 싶지 않다.
나는 부동산 해석에 대한 다양한 가능성을 보여 주었을 뿐이고, 마지막 해석은 독자의 몫이다.
어쩌면 부동산의 끝을 본다는 것은, 동시에 삶의 시작을 다시 묻는 일일지도 모른다.

우리는 모두 언젠가 집을 떠나지만, 결국 남는 것은 함께 살아 낸 기억과 지켜 낸 삶의 방식이다.

그러니 이 질문을 독자에게 남기고 싶다.

당신은 어떤 집에서 살고 싶은가?

그리고 그 집은, 어떤 삶을 담아내길 바라는가?

그 대답 속에서, 부동산 이후의 시대는 비로소 시작될 것이다.

참고문헌

국내 기관

국세청
국토교통부
국토연구원
금융감독원
금융위원회
기획재정부
대한건설정책연구원
대한상공회의소
법무부
서울연구원
통계청
한국고용정보원
한국부동산원
한국은행
한국주택금융공사

해외 및 국제기관

BIS(국제결제은행)
Bloomberg

CBRE

Goldman Sachs

IMF(국제통화기금)

LGIU - Leyden, D. (2025). South Korea's housing crisis explained.

McKinsey Global Institute

OECD

U.S. Federal Reserve

World Economic Forum(WEF)

국내외 학술논문

강요명, 서정렬. (2020). 아파트 가격에서 브랜드가 차지하는 가치 비중에 관한 연구: 부산 해운대구 우동·반여동 지역을 중심으로. 부동산학연구, 26(2), 39-58.

김규석, 이주원, 김경민. (2023). 딥러닝을 활용한 하이엔드 및 브랜드 아파트의 가격 프리미엄에 관한 연구. 한국정보기술학회논문지, 21(11), 23-37.

박승배, 김형준, 이문숙. (2007). 계층적 아파트 브랜드 자산과 가격프리미엄의 관계에 관한 연구. 부동산학연구, 13(2), 77-96.

이문숙, 허종호, 박승배. (2011). 아파트 브랜드가 아파트 가격에 미치는 영향에 관한 연구. 한국부동산분석학회지, 17(1), 87-101.

Wang, D., & He, Y. (2024). The Mathematical Simulation of South Korea's Financial and Economic Impacts from Real Estate Bubbles: Lessons from the China Evergrande Collapse. Mathematics, 12(19), 3058.

기타

국내 주요 언론사(매일경제 등).

오웰, 조지, 『1984』, 민음사.

장 자크 루소, 『인간 불평등 기원론』, b.

헨리 조지, 『진보와 빈곤』, 현대지성.

Hirsch, F, Social Limits to Growth, Harvard University Press.

부동산, 끝의 시작

ⓒ 경국현, 2025

초판 1쇄 발행 2025년 11월 28일

지은이   경국현
펴낸이   이기봉
편집   좋은땅 편집팀
펴낸곳   도서출판 좋은땅
주소   서울특별시 마포구 양화로12길 26 지월드빌딩 (서교동 395-7)
전화   02)374-8616~7
팩스   02)374-8614
이메일   gworldbook@naver.com
홈페이지   www.g-world.co.kr

ISBN   979-11-388-4988-3 (03320)